und hätte der Liebe nicht

Weihnächtliche Geschichten

Anna Schieber

Alpha Editions

This edition published in 2022

ISBN : 9789356788084

Design and Setting By
Alpha Editions
www.alphaedis.com
Email - info@alphaedis.com

Contents

... und hätte der Liebe nicht

Es ist etwas Sonderbares um die Erinnerung. Sie kommt und ist da und stellt alte Zeiten vor Deine Seele; längst vergangene, liebe Gestalten treten vor Dein Auge, und Du siehst Orte, die fern, fern liegen und hörst Töne, die lange verklungen sind, noch einmal. Und es wird Dir warm ums Herz, und Du wunderst Dich, wie es Dir gerade heute kam.

Und Du merkst: es ist ein Rüchlein von Goldlack und von Reseda an Dir vorbeigestrichen, das hat Dir den sonnigen Garten heraufgerufen, in dem Du als Kind gespielt hast. Es hat die liebe alte Frau, die Dein Geplauder so herzlich anhörte, auf den buchsbaumgefaßten Steigen zu Dir herkommen lassen, und Du hast ihre Hand auf Deinem Kinderhaupt gefühlt und bist ein Weilchen zu Hause gewesen.

Oder Du hast in der großen Stadt, in allem Lärm des Marktes, ein Obstweib Stachelbeeren verkaufen sehen, und nun redet Dein Begleiter umsonst auf Dich ein, denn Du siehst Dich mit den Geschwistern, fast unter Lebensgefahr, an den alten Stadtmauern in Deiner Heimat herumklettern, um die kleinen, grüngelben Beeren, die dort wild wachsen, zu holen. Du siehst Dich wieder das Kleid dabei zerreißen, es war schwarz und weiß karriert, und siehst alle die erschreckten Gesichter um Dich herum, auch das der alten Nähkarline, die gerade des Weges kam, und hörst ihr altes Sprüchlein, daß die Jugend zu ihrer Zeit anders gewesen sei. Aus einem Flöckchen rosa Seide, aus einem brodelnden Linsengericht, an dem Du in der Küche vorbeigehst, aus dem Seifenschaum in der Waschküche, aus Pfeifengeruch und aus den Tönen einer Mundharmonika, die ein Büblein im Vorbeigehen bläst, kann Dir die Erinnerung, wenn Du sie nur zu Wort kommen lässest, Wintertage und Sommernächte, Ferienfreuden, vergoldeten, verklärten Schuljammer, Gespielen der Kindertage und alte, getreue Wächter, die über Deine Jugend gesetzt waren, vor die Augen weben. Und sie steht daneben, wenn das Bild fertig ist, und lacht Dich an: War es nicht so, ganz so? – Sie lacht nicht immer.

Heute, das war nichts zum Lachen, was sie mir erzählte. Aber schön war es doch. Ich will versuchen, ob man es wiedersagen kann.

Es ist mir aus einer großen, hornenen Schnupftabaksdose aufgestiegen, die in der Eisenbahn ein breitschultriger Bauer in schneeweißen Haaren aus der Tasche zog und benutzte. Er bot sie auch mir an, und als ich lächelnd dankte, sagte er gutmütig: »Na, na, das putzt den Kopf aus, das schadet niemand nichts.«

Nachher sah ich zum Fenster hinaus. Es war Nacht draußen, aber ich sah in eine dämmerige Christtagsstube hinein. Es brannte nur ein einziges Lichtlein am Baum; man konnte gerade genug sehen, um einen Gabentisch, der schon von Kinderhänden beschlagnahmt war, ein aufgeschlagenes Klavier und ein großes, altes Sofa, auf dem zwei alte Leute saßen, zu unterscheiden. Ich sah auch ein Kind, das ich wohl kannte; ein halbwüchsiges Mädchen. Es saß in einem Winkel, in dem auf einem Tischlein allerlei Mappen und Hefte lagen, und hatte seitdem, bis das Tageslicht völlig verlöscht war, eifrig in einem der Hefte gelesen. Nun, in der Dämmerung, drangen die Stimmen der alten Leute an das Kindesohr und ließen es still aufhorchen. Die Alten dachten, wie es schien, nicht an ihre jugendliche Zuhörerin; sie gingen ihre eigenen Pfade, die führten in eine ferne Zeit zurück.

Der hohe, schmale Mann mit dem feinen Fältchengesicht und der Brille vor den Augen bot der aufrechten, zierlichen Frau, die des Kindes Großmutter war und der unter dem silberig glänzenden Scheitel die Augen so gütevoll und lebendig in die Welt hinein sahen, die Dose. Es war eine schildkrötene Dose, viel zierlicher, als die meines Bauern, aber sie machte auch einen leisen Knack beim Öffnen und Schließen, wie diese.

Die Großmutter nahm mit spitzen Fingern, dann sagte sie, offenbar ein vorhin angefangenes Gespräch neu aufnehmend: »Aber wir können nichts tun, als liebhaben. Alles andere versagt nach und nach. Und wenn wir, die wir uns gen Sonnenuntergang neigen, zurückschauen, es reut uns nichts, als die Stunden, in denen uns die Liebe gefehlt hat.« Dann schwiegen wieder die beiden alten Leute, bis ein tiefer Seufzer die freundliche Frau rasch aufblicken ließ. »Nun, nun,« sagte sie fast heiter, »Sie, mein lieber Freund, ich dächte, Sie hätten sich nicht viel vorzuwerfen. Ich, wenn mich mein rasches Temperament allzu häufig fortriß, dachte oft mit Sehnsucht an Ihre Sanftheit und Milde; aber ich mußte mich verbrauchen, wie ich mich hatte: mit dem Alter ist's auch wohl besser geworden.«

Ihr Gegenüber schwieg noch immer; da, wohl im Bestreben, ihn zum Reden zu bringen, fuhr sie fort: »Ich denke, wenn Sie so allein an stillen Abenden in Ihrer einsamen Behausung sitzen, müssen die vielen Kindergesichter zu Ihnen auf Besuch kommen, denen Sie die Schuljahre hell und freudig gemacht haben. Wenn man die Kinder lieb hat, das spüren sie aus allem heraus.«

Der alte Herr neigte still den Kopf. »Es kommen auch wohl andere,« sagte er. »Es sind nicht lauter frohe Augen, die mich ansehen. Ich hätte wohl Lust, Ihnen etwas zu erzählen, das noch jetzt hier und da Macht hätte, mich zu bedrücken, wenn ich nicht wüßte, daß unsere Fehler mehr als alles andere die Sprossen sein sollen, an denen wir emporsteigen dem Bilde nach, das wir erreichen wollen.«

Seine alte Freundin reichte ihm nur herzlich die Hand hin. Dann begann er in einer etwas zögernden Sprechweise, die ich heute noch wohl vernehme, so, als müsse er Wort für Wort aus dem tiefen Schacht seines Gemütes heraufholen: »Das war in meinen sogenannten besten Jahren. Sie wissen es ja, ich bin immer allein gewesen, seit zuerst meine Mutter und dann die liebe Gestalt, die mit mir zu zweit hatte sein wollen, aus dem Leben gegangen war. Von da an gehörte all meine Kraft und auch das, was ich Liebe nannte, meinem Amt. Ich wollte ein guter Schulmeister sein, und vielleicht bin ich es in mancher Hinsicht auch gewesen; ich weiß es wohl, einige hielten mich dafür. Denn ich hatte eine Gabe mitbekommen, die Kinder frisch und kräftig anzufassen und sie, auch die langsameren unter ihnen, so es irgend möglich war, mitzureißen. Ich selber war damals nicht so übel mit mir zufrieden.« Er lächelte still. »Das ist für uns Menschen immer ein etwas gefährliches Stadium, aber solange es währt, fühlt es sich sehr behaglich an. Ich hatte, solange es etwas Grünes und Buntes draußen gab, täglich die Hände voll Blumen nach Hause zu tragen, und ich mußte auch selten allein gehen, es drängte sich immer eine kleine Gesellschaft von Buben und Mädchen um mich. Das tat mir wohl, es war mir ein Ersatz für eigenes Familienglück. Allerdings, nach denen, die dabei nicht mitgingen, sah ich mich nicht besonders um; sie mochten es halten, wie sie wollten. In der Schule, so schien es mir selber, da war ich unparteiisch und gerecht – ach ja, gerecht. –

Ich war damals an der Schule einer halb ländlichen Vorstadt und hatte Kinder von zehn bis zwölf Jahren vor mir in den Bänken sitzen. Es waren sehr verschiedene Elemente unter ihnen: kräftige, gut genährte und sauber gekleidete Bürgerkinder, Kinder von niederen Beamten, Briefträgern, Straßenbahnschaffnern und viele Fabrikarbeiterskinder. Man konnte an ihnen allen etwas von dem Elternhaus sehen, aus dem sie herkamen, konnte sehen, ob sorgliche Mutterhände ihnen das Haar glatt gestrichen und die Kleider geflickt hatten. Man sah auch mehr; es waren taghelle, frische Kindergesichter dabei, die kamen wohl aus freundlichen, fröhlichen Heimstätten, und es gab gleichgültige, scheue, gedrückte Kinder, denen es ersichtlich an Sonne und Liebe fehlte. Ich weiß wohl noch, ich dachte damals oft, in meiner Schule sollte es sonnig sein, und ich wollte dazu tun, was ich könnte. Aber das echte Liebhaben ist eine feine und eine schwere Kunst, und mancher lernt es nur unter Schmerzen, Schmerzen, die er zufügt, und Schmerzen, die er trägt.

Es kam einmal ein Kind zu mir in die Schule, ein Mädchen, ein mageres, bleiches Dinglein, lang aufgeschossen für seine elf Jahre. Es hatte auf den ersten Blick gar nichts Anziehendes, auch die Augen lagen ihm für gewöhnlich in etwas tiefen Höhlen.

›Schlecht gepflegt und matten Blutes und Geistes,‹ dachte ich. Doch mußte es mir hier und da auffallen, daß das Kind irgendeine sonderbare Antwort gab, die vielleicht vom Pfad des rechten Schulwissens abwich, aber dafür von etwas wie eigenen Wegen redete, auf denen der junge Geist ins Leben dringen wollte. Dann war allemal das graue Gesichtlein auf Augenblicke von einem dunklen Rot überflammt, aber es ging immer schnell vorüber. Rechnen, das war ja freilich ein Hauptfach in der Schule, aber rechnen konnte Elisabeth gar nicht; es half alles nichts. Ich meinte langmütig zu sein, ich kam mir selber fast übermäßig geduldig vor, aber manchmal, wenn sie mich so gar unerhellt aus den hilflosen Augen anschaute, drehte ich mich doch verzweifelt auf dem Absatz herum und sagte zu den andern: weitermachen; dies hier ist hoffnungslos. Dann sahen wohl die andern mit schlecht verhehlter Verachtung auf ihre Genossin hin, von der sich allmählich die Sage bildete, daß sie rettungslos dumm sei.

Das ging fast ein halbes Jahr lang so hin. Von den häuslichen Verhältnissen des Kindes wußte ich nichts, fragte auch nicht danach. Es waren vierzig Augenpaare, die aus den Bänken heraus auf mich schauten, und dies hier, ich muß es gestehen, war keins von denen, die mich besonders interessierten. In dieser Zeit lag hier und da irgendeine Rarität auf meinem Pult, ein merkwürdig gezeichnetes Schneckenhäuschen, ein weißgebleichtes Vogelknöchelchen, ein Stück Baumrinde mit silberig schimmernden Flechten daran.

Ich fragte wohl danach, wer mir das hingelegt habe, ich ließ meine Augen, als ich keine Antwort bekam, über die Kindergesichter hingehen, um dort eins zu finden, das schelmisch oder verlegen sich niederbeuge. Aber sie sahen mich so kecklich an, manche mit Lachen, und versicherten, daß sie es nicht gewesen seien und daß sie ›solches Zeugs‹ auch nicht aufheben würden. Nach Elisabeth sah ich nicht besonders hin; nur einmal bemerkte ich, daß sie stark mit den Augen blinzelte, wie sie das hier und da tat, wenn sie in großer Verlegenheit wegen irgendeines Nichtkönnens war. Aber es fiel mir nicht ein, daß sie es gewesen sein könnte, die mir die schüchternen Gaben in Heimlichkeit gebracht habe.«

Der Erzähler strich sich mit der Hand über die Stirn.

»Ich muß blind gewesen sein,« sagte er. »Sonst hätte ich sehen müssen, was ich nachher mit Leid vernehmen mußte, daß dieses Kindes Herz nach meinem Herzen stand. Da, einmal – es war im Dezember, der erste Schnee war in der Nacht gefallen und lag weißglänzend auf den Dächern und auf den Hecken und Bäumen des Parks, an den unser Schulhaus anstieß – geschah es, daß ich den Kindern über den freien Tag, der morgen sein sollte, ein Aufsatzthema mit nach Hause gab, das mir der sonnige Wintertag eingegeben hatte. Ich hatte mich sonst so ziemlich an die vorgeschriebenen

Stoffe gehalten, die allerlei sachliche Beschreibungen von Pflanzen, Tieren, Gegenden, kleine Erzählungen aus Geschichte und Menschenleben und dergleichen verlangten; wir hatten diese Dinge auch immer gründlich zuvor durchgesprochen. Heute aber kam es mich an, sie selber die Augen auftun zu lassen.

»Ihr sollt mir irgend etwas über den Winter erzählen, was Ihr wollt. Es ist nur das eine: Ihr müßt es selber gesehen haben, was Ihr schreibt, sei es dies Jahr, sei es ein andermal. Und jetzt geht und macht es heute noch, so seid Ihr morgen frei.« Damit entließ ich meine Schar, mir für heute die gewohnte Begleitung verbittend, da ich nach der Bahn wollte und Eile hatte. Sie stürmten nicht hinaus wie sonst. Die ungewohnte Aufgabe mochte ihnen in die Knochen gefahren sein, ich sah sie die Köpfe zusammenstecken und flüstern und sah in sorgliche Gesichter.

›Das ist Euch ganz gesund,‹ dachte ich, ›das will ich nun noch öfter tun,‹ und ich nahm mir vor, beim Korrigieren nicht allzustreng zu verfahren. Wenn es nur etwas Eigenes war, sollte es schon gut sein, sie sollten nur lernen, selber zu sehen und sich selbständig auszudrücken; wenn es auch unbeholfen war, das schadete nichts. Ich war ein wenig gespannt auf den Inhalt der Hefte, die ich am Morgen nach dem Feiertag wieder einsammelte. Wenn ich auf die Gesichter mich einigermaßen verstand, – und ich meinte, es zu tun – so waren keine Glanzleistungen zusammengekommen. Eine meiner besten Schülerinnen, ein blondes Wirtstöchterlein, dem unter dem krausen Haar ein Paar übermütige Augen immer lachend in die Welt hineinsahen, hatte das Ende des langen Zopfes im Mund. »Mir ist fast gar nichts eingefallen,« sagte sie, »nur, daß der Christtag im Winter ist und daß es Schnee gibt.« »Nun, Gretel,« sagte ich lachend, »das ist immer schon etwas; wir wollen dann sehen, wie Du das erzählt hast,« und sie, als sie sah, daß ich so grimmig nicht darauf hineinstürze, setzte sich mit einem Seufzer der Erleichterung an ihren Platz. »Wo ist Elisabeth Hornberg?« fragte ich, meine Reihen musternd. Niemand wußte, warum sie fehle, und wir begannen den Unterricht. Da, als wir schon tief in den Bruchrechnungen steckten, kam sie an, hastig, mit fliegendem Atem, eine ungewöhnte Röte auf den Wangen. »Ich hatte meinen Aufsatz noch nicht ganz fertig,« sagte sie, und mir fiel der Blick auf, mit dem sie mich dabei ansah; es war, als ob die Augen aus den Höhlen heraus wollten und dem blauen Heft nachgehen, das sie in meine Hand legte, und dann wieder in mein Gesicht hineinfragen: Wirst Du es auch gut aufnehmen? Ich gäbe vieles, wenn ich diesen Blick verstanden hätte. Aber ich, als ich während einer Schönschreibstunde, in der die Kinder eine Zeitlang still beschäftigt waren, mich über die Hefte hermachte, fühlte nur einen flammenden Zorn, eine ehrliche Entrüstung, als ich Elisabeths Aufsatz überflog. Ich sah nach ihr hin. Da saß sie und malte ihre Buchstaben – sie war ungeschickt im Schönschreiben – und sah hier und da auf, zu mir hinüber, wie von einer leisen Unruhe getrieben.

›Du hast's nötig,‹ dachte ich, und deutete alle Zeichen einer inneren Erregung, die ich heute wahrgenommen hatte, als Ausflüsse eines bösen Gewissens.

Denn was da in dem Heft stand, sieben Seiten lang, das war kein Aufsatz einer zwölfjährigen Schülerin – und welch einer mittelmäßigen – das mußten diktierte oder abgeschriebene Gedanken sein, fehlerhaft abgeschrieben freilich. Das war das Leiden eines Menschen, darüber, daß die Sonne so spät und so kurz kommt, und daß sie keine Kraft zu scheinen und zu wärmen hat, und war die Sorge um all das Leben, das der Schnee zudeckt und das Eis im Bann hält und die Sehnsucht nach dem Frühling, da alles wieder aufsteht, was jetzt zu schlafen geht. – Nein, gerade abgeschrieben konnte es nicht sein. Dazu waren die Sätze zu ungeschickt; es mußte jemand diktiert haben. Ich bezwang mich mühsam. Aber das konnte ich nicht hindern, daß ich dem Blick der Kinderaugen, die, wie ich jetzt weiß, mich sehnlich suchten, mit einem vernichtenden, kalten Strahl begegnete.

Am andern Morgen kam es. Ich sprach zuerst alle andern Hefte durch. Ich war mild dabei und schonend, – ich weiß es jetzt, ich war grausam ohne Maß. Zuletzt nahm ich Elisabeths Aufsatz. Das Kind saß in sich zusammengedrückt da, es hatte wohl meinen kalten Blick gesehen und gedacht, daß seine Arbeit verworfen sei. »Wer hat diesen Aufsatz oder wie man's nennen soll, gemacht, Elisabeth Hornberg?« Alle Augen richten sich dorthin, wo das bleiche Kind saß. Es kam keine Antwort, nur ein Blick schoß zu mir her, wie eine Bitte um Erbarmen: lies es nicht den andern vor. Ich verstand ihn nicht. »Antwort!« Da kam es leise: »Ich.« Mir stieg der Zorn bis in die Augen. »Du lügst.« Ich sagte es kurz und kalt. Das Kind zuckte zusammen, wie unter einem Hieb. »Sieh mich an,« sagte ich mühsam beherrscht. Das Gesichtlein hob sich, es war grauweiß, die Augenlider blinzelten heftig, kaum daß eines Augenblicks Länge die wasserblauen Sterne unter ihnen hervorsahen. »Siehst Du, Du kannst es nicht. Ich bin nicht so dumm, wie Du zu meinen scheinst.« Dann suchte ich, mich zu fassen. Vielleicht log sie aus Angst, ich wollte nicht so heftig sein. Ich ging einmal den Mittelgang zwischen den Bänken auf und ab. Dann blieb ich vor Elisabeth stehen. »Nun sag' mir, Kind, woher hast Du dies? Hast Du es gelesen oder hat es Dir jemand vorgesagt?« Ich sagte es so ruhig als möglich. Schweigen, – dann die leise Antwort: »Ich habe es selber getan, es hat mir's niemand gesagt.« Nun war das Gesicht von dunkler Röte übergossen. Bis jetzt waren die Kinder als stumme Zuhörer dabei gewesen, nun rief ein Mädchen, das in Elisabeths Nachbarschaft wohnte: »Sie haben einen Kostgänger, der ist ein Schreiber und hat viele Bücher, bei dem sitzt sie immer. Der wird ihr's gesagt haben.« »Still.« Aber ich sah sie doch fragend an: »Ist der's?« Elisabeth hatte, nachdem das schnelle Rot auf ihren Wangen verflogen war, nun einen Ausdruck, wie ich ihn sonst so oft an ihr gesehen hatte, und der mich immer an ein unbewohntes Haus erinnerte, so, als ob alles Leben verschwunden, ausgezogen sei, und als ob alles ringsum sie gar nichts angehe.

Sie antwortete nicht mehr, sie saß nur da und sah vor sich hin. »Wir wollen weitermachen,« sagte ich. »Wenn Du dich besonnen hast, Elisabeth, kannst Du es mir sagen.«

Damit wandte ich mich ab und ließ sie sitzen. Es schien mir unmöglich, daß ich mich getäuscht habe; dann aber war sie verschlagen, halsstarrig und offenbar auch nicht in guten Händen. Dabei dumm, mir so etwas vortäuschen zu wollen.«

»Ja, ja,« unterbrach sich der Erzähler, »das ist das selbstzufriedene Stadium, von dem ich vorhin sagte. ›Wer kann einen täuschen, wie mich?‹ denkt man. Man muß es teuer zahlen, wenn man davon aufwacht.

Am Nachmittag fehlte Elisabeth. Als sie am nächsten Morgen wieder kam, ging sie ohne ein Wort der Entschuldigung an ihren Platz und saß dort wie eine, die damit, daß sie da sitze, alles getan hat, was möglicherweise von ihr verlangt werden kann.

»Wo warst Du gestern?« Ich fragte es schroffer als ich wollte. Da hob sie die Augen. Aber ich war blind, ich sah es nicht, ich sah es erst viel später wie in einem Spiegel, daß sie sagten: ›Ach, was hat es für einen Zweck, Dir Antwort zu geben? Du glaubst es doch nicht.‹ »Antwort!« »Ich war krank,« sagte sie wie mechanisch. So sah sie auch aus, elend zum Erschrecken. Es kam mich ein Mitleid an; vielleicht, nein sicher, litt sie daran, daß sie den Weg zum Geständnis nicht fand. Dann war sie nicht verdorben.

Aber als ich in der Freiviertelstunde, als die andern hinausgingen, sie zurückbehielt und sagte: »Willst Du mir's nun sagen, wer den Aufsatz gemacht hat, Kind? Wir wollen dann wieder gut Freund sein; ich will es Dir verzeihen,« da stieg aus den tiefen Augenhöhlen etwas empor, vor dem all meine Sicherheit und meine mitleidige Würde erschrak und sich empörte. Das war kein Kind, was mich da ansah, das war ein reifer, bitterer Mensch, und der Mensch verachtete mich.

Da ließ ich die kleine, schmale Hand los und sagte: »Geh.« Und sie ging hinaus ohne ein Wort.

Nun kam sie noch eine Woche lang. Es war ein ungutes Beieinandersein. Das Kind, das sonst nicht viel für mich bedeutet hatte, war nun eine Macht geworden, die mich zwang, mich in Gedanken mit ihm abzugeben, und die mich bedrückte, so oft ich – und es geschah unzählige Male – dorthin sehen mußte, wo das schmale Gesicht so gleichgültig vor sich hinsah und nur antwortete, wenn es gar nicht anders mehr ging.

Da eines Tages fehlte Elisabeth. Es geschah mir schier wie ein Aufatmen, als ich den leeren Platz sah, aber es währte nicht lang. Ein anderes Kind brachte einen Zettel mit einer Entschuldigung. »Emil Pfänder« war die kurze Anzeige, daß Elisabeth Hornberg krank sei, unterzeichnet. »Wer ist das?« »Das ist der Schneider, bei dem sie in der Kost ist,« wußten einige der Kinder. »Wißt Ihr, was ihr fehlt?« Sie wußten es nicht, sie hatte keine Freunde, und das letzte Ereignis hatte noch viel dazu beigetragen, daß sie ganz einsam geworden war. »Hat sie denn keine Eltern?« Nein, sie glaubten es nicht, sicher wußte es niemand. Da beschloß ich in mir selbst, sie bald einmal zu besuchen. Vielleicht war das Kind in schlechten Händen, vielleicht bedurfte es nur besseren Einflusses. Ich wollte versuchen, ihm den zu geben. Ach ja, ich. –

Aber es verging eine Woche, und ich kam nicht dazu, den Besuch zu machen. Wir sangen in der Schule Weihnachtslieder und lebten in fröhlicher Stimmung. Wir bereiteten uns zu der alljährlichen Schülerweihnachtsfeier in der Kirche vor, lernten Gedichte auswendig, und ich half den Kindern sogar in den freien Stunden beim Schmücken der großen, steinernen Kirchenhallen. Einmal hatten zwei Mädchen heftige Händel miteinander und gingen mit vertrutzten Köpfen umeinander herum. Da redete ich schön davon, daß man in dieser Zeit noch besonders lieb und friedlich sein müsse, sonst störe man den Engelgesang: Friede auf Erden. Und sie gaben sich die Hände, und wir waren glücklich. Es war alles so fromm und so weihnachtlich und so warm. Vorher, das sah ich, reichte es nun nicht mehr. Aber gleich in den Feiertagen, da wollte ich das Kind besuchen, mit dem noch nicht Friede war. Das würde leicht zu machen sein, denn ich wollte sehr liebreich sein und so das Eis schmelzen. Ach ja. Dann kam die Weihnachtsfeier; sie war schön, so kindlich und so ohne alle Reflexion selig und froh. Ich spürte, ich war doch ein reicher Mann, auch wenn ich keine Familie hatte, denn ich hatte teil an all diesen Kindern und an der großen Freude, die aller Welt widerfahren ist.

Als ich aus der Kirche kam, ging ich auf einem Umweg meiner Wohnung zu. Ich wußte: die Kinder schmückten nun mir ein Bäumchen; wenn ich heimkam, dann empfing mich Lichterglanz und Gesang und helle Augen und auch Gaben. Ich wollte mir so gern etwas schenken lassen.

Ach ja, nun bekam ich etwas geschenkt. Als ich zwischen den Gärten der äußeren Vorstadt hinging, leise vor mich hinsummend, begegnete mir ein Mensch, der mir auffiel. Er hatte ein kleines, vertrocknetes Gesicht und hatte anständige, aber abgetragene Kleider an. Er sah mich immer wieder von der Seite an, und mir war, als grinse er höhnisch nach mir herüber. Das störte mich in meiner festlichen Stimmung; die wollte ich aber jetzt festhalten. Er trug ein blühendes Primelstöckchen in der Hand; das konnte man an jenem Tage – es war nicht kalt – ohne Gefahr des Erfrierens für die zarten rosa Blüten.

»Sie haben da ein hübsches Pflänzlein,« redete ich ihn, da mir das stumme Anschauen peinlich wurde, an. »Sie bringen das wohl einem Kranken?« Denn er ging in der Richtung nach dem städtischen Krankenhause zu. Er sah mir spöttisch in die Augen. »Und Sie, Sie kommen wohl aus der Kirche? Sie haben da wohl all die frommen Lieder mitgesungen?« »Ja, das habe ich,« sagte ich nicht ohne Würde, denn nun schien mir, als ob ich einen von denen vor mir hätte, denen der bloße Anblick eines Kirchgängers schon das Blut in Wallung bringt. »Ja, dann gratuliere ich dazu,« sagte er. »Sie, Sie sind keck, daß Sie unserm Herrgott so unter die Augen treten mögen. Ich an Ihrer Stelle, ich hätte das Herz nicht dazu.«

War das ein Narr, oder was war es denn?

»Ich weiß nicht, was Sie meinen, und nicht, was Sie von mir wollen,« sagte ich steif und sah mein Gegenüber hochmütig an. Da wurde bei dem aus dem grimmigen Hohn ein ebenso grimmiger Jammer. »O nichts, nur daß das Kind stirbt, und daß Sie es vorher noch ins Elend hineingedrückt haben. Aber wenn es dann drüben ist, in dem andern Land, dann soll unserm Herrgott einmal reiner Wein eingeschenkt werden darüber, was Sie für ein Kinderhüter sind, Sie.«

Mir stand das Herz still. Dies hier war kein Narr. Der hatte eine Schuld bei mir einzufordern, es geziemte sich nicht für mich, groß und würdig zu sein. »Sagen Sie mir, was Sie von mir wollen,« sagte ich. »Wenn ich etwas verfehlt habe« – ich wußte nichts weiter zu sagen, denn auf einmal sahen mich wieder die Kinderaugen aus ihren tiefen Höhlen heraus an mit dem Blick, den sie hatten, als Elisabeth mir das Heft in die Hände legte. Das war noch Vertrauen gewesen, und eine Bitte: Nimm es auf. Ich aber hatte es zertreten.

Der kleine, vertrocknete Mann wuchs vor meinen Augen und wurde mir ein Richter.

»Etwas verfehlt? O ja. Wenn ein Kind überhaupt etwas gilt. Sie hatte eine Liebe zu Ihnen, immer nur: ›Er, er.‹ Das waren Sie. ›Er ist so gut, er ist so fein.‹ Wenn wir unterwegs etwas gefunden haben auf unseren Spaziergängen – und sie hatte ein Aug' für alles Kleine, Feine, – dann hob sie es sorgsam auf: ›Das bring' ich ihm.‹ Wenn ich dann fragte: ›Hat's ihn gefreut?‹ dann nickte sie nur so halb und sagte: ›Ich glaub's schon.‹ Und wenn ich sagte: ›Gelt, Du hast's ihm nicht selber gegeben,‹ dann wurde sie rot: ›Ich trau' mich ja nicht hin. Ich hab's nur so hingelegt; aber das tut nichts.‹ Sie hätte den Weg schon noch gefunden, Herr, aber Sie haben ihr ja nicht geholfen. Aber das ist nicht das Ärgste. Das Letzte, das.« – Ich wußte, was nun komme. Ich glaubte, es aufhalten zu können, so fragte ich: »Wer sind Sie denn? Ist Elisabeth Hornberg bei Ihnen untergebracht?«

»Ich?« Es ging aus allem Groll und aller Betrübnis heraus ein kindliches Lächeln über die verknitterten Züge. »Ich habe nur eine schräge Dachkammer, bei mir kann man niemand unterbringen. Unten bei den Schneidersleuten hat sie gewohnt; sie hat nur eine Mutter und die ist weit fort als Köchin im Dienst. Aber ich bin ihr ganz guter Freund, ja das bin ich. Und sie hat mir immer alles gesagt und mich lieb gehabt und ich sie auch.«

Plötzlich wandte er sich mit einem Ruck zum Gehen.

»Was steh' ich da und red'? Ich muß zu dem Kind. Sie, Sie haben ja doch kein Herz für meine Lisabeth. Und sie verlangt nach mir jede Minut', die ich nicht da bin.«

Aber ich konnte ihn so nicht gehen lassen. Mein Heil und meine Ruhe und mein Recht zum Leben hing davon ab, daß mir der kleine Mann so nicht ging. Daß er mir das noch sagte, das, was ich seit ein paar Minuten wußte, wenn ich es auch nicht begriff. Ich hielt ihn am Ärmel fest.

»Nein, nein, Sie wissen es nicht recht. Ich bin – ich meine es nicht so schlimm, wie Sie es ansehen.« Ach, wie klein war mein Wissen um mich selber und um die andern gewesen und war es noch.

Mein Gesichtsausdruck mochte dem kleinen Mann gefallen. So hatte er mich zu sehen gewünscht, so hatte er mich vor sich haben wollen: aufgeweckt aus aller Selbstherrlichkeit, in Angst und Schrecken eines bösen Gewissens.

Da wurde er milder.

»Ja, was soll ich sagen? Sie glauben's ja nicht. Sie sagen mir vielleicht auch: Du lügst. Sie kennen das Kind ja nicht. Was das für Gedanken hatte, sonderbare, ernsthafte. Wie ein Altes. Ich mußte nur staunen, immer wieder. ›Was Du Dir zusammendenkst,‹ sagte ich oft. Da sah sie mich an wie aus einem tiefen Brunnen heraus: ›Ja, denkst Du denn das nicht auch?‹

Ja, und neulich, als sie den Aufsatz machen sollte, da kam sie an, als ob nun ein Fest hereinbräche. ›Das ist schön, das tu' ich gern.‹ Ich mußte staunen, denn sie hat sonst oft bis tief in die Nacht über den Aufgaben sitzen müssen, das Lernen ist ihr schwer geworden.

Den Vormittag über hatte sie der Schneidersfrau bei der Wäsche geholfen. Aber am Nachmittag, da lief sie hinaus ins Wäldchen dort hinten und kam erst gegen Dunkelwerden hin nach Hause.

›Na, na,‹ sagte ich, ›nennst Du das Aufsatzmachen?‹ Da guckt mich das Kind mit Augen an, ganz glänzig und ernst dabei: ›Er hat ja gesagt, man müsse es selber gesehen haben; da hab' ich doch hinaus müssen.‹ Und dann saß sie, bis zu später Stunde die Schneidersfrau sie ins Bett jagte. Aber sie kam in Strümpfen noch zu mir heraufgeschlichen: ›Fertig; ich muß es aber noch ins reine schreiben. Wenn's ihm aber nur auch recht ist. Was meinst Du?‹ – Denn sie hatte mir das Konzept mit heraufgebracht.

›Was wird's ihm denn nicht recht sein?‹ sagte ich, aber ich mußte ja dennoch den Kopf schütteln: ›Kind, Kind, wo will das mit Dir hinaus? Hast Du denn nichts Fröhlicheres gewußt, so mit dem Schlittenfahren und derlei Dingen?‹ Da schüttelte sie den Kopf, und als ich ihr die Schreibfehler, die reichlich darin waren, zeigen wollte, sagte sie ängstlich: »Laß, laß, ich muß das selber.«

Und dann – das übrige wissen Sie ja besser als ich, Herr Lehrer.

Ich weiß nur, daß an jenem Tag das Kind nicht heraufkam, und als ich's endlich nicht mehr aushielt und hinunterging, da fand ich es in einem Winkelchen sitzen, ganz eng an die Wand gedrückt mit einem Gesicht, als ob alles Leben darin gestorben sei. Die Schneidersleute waren beide ausgegangen, wohin, weiß ich nicht mehr. Da nahm ich das Kind mit zu mir hinauf. Aber es klapperte vor Frost mit den Zähnen und hatte Kopfweh. ›Laß nur, ich will ins Bett gehen, es wird bis morgen besser,‹ sagte es. Und ich erfuhr an jenem Tag nichts von der bösen Geschichte.

Am andern Tag schlich sie wieder in die Schule. Die Schneidersfrau ist so unrecht nicht. Sie kam sorgenvoll zu mir herauf. ›Es muß etwas nicht recht sein mit dem Mädchen,‹ sagte sie. Aber wir bekamen nichts heraus. Ich sah es schon, ich mußte warten; aber es tat mir weh, das Kind hatte sonst ein liebes Vertrauen zu mir.

Jetzt weiß ich's freilich wohl: es schämte sich so bitterlich vor mir, daß ihm das von Ihnen widerfahren war. Es wollte es allein tragen. Erst als die Krankheit, die wohl schon lange in ihm gesteckt ist, zum Ausbruch kam – es ist eine böse Darmentzündung, Herr Lehrer, und sie stirbt daran – da, im Krankenhaus hat sie es mir gesagt. Ich wollte in der Nacht noch zu Ihnen ins Haus dringen, ich war so grimmig, daß ich es nicht aussagen kann, so jammerte mich das Kind. Aber es hielt mich mit seiner heißen Hand fest und sagte erregt: ›Laß, laß, er glaubt es doch nicht. Du darfst nicht hingehen.‹ Sie kam in eine solche Aufregung, daß ich es ihr versprechen mußte, daß ich nicht zu Ihnen gehe. Aber in meinem Herzen, da hab' ich's mir gelobt, daß Sie es doch noch glauben sollen.«

Und nun wandte sich der kleine Mann, als sei die Sache abgetan, zum Gehen. Der Abend war vollends hereingebrochen, und er hatte keine Zeit und keine Ruhe mehr zum Reden.

Aber ich ließ ihn nicht. »Nehmen Sie mich mit,« sagte ich flehentlich. »Sie sehen es doch, daß ich das Kind sehen muß. Es darf nicht so aus dem Leben gehen, so nicht.«

Er sah mich zuerst feindselig an; dann, als besänne er sich, nickte er ein paarmal mit dem Kopf.

»Es mag Ihnen nicht wohl sein dabei, ich seh's schon,« sagte er.

»Versprechen kann ich nichts; aber kommen Sie einmal mit.«

Bei mir zu Hause, das wußte ich, warteten die Kinder mit dem Baum und mit ihren fröhlichen Herzen. Aber was konnte das helfen? Ich konnte nie wieder mit ruhigem Herzen vor ihnen stehen, wenn das eine, das ich verwundet hatte, hinging, um mich vor Gott zu verklagen, daß ich der Liebe und des Vertrauens unwert gewesen sei, die zu mir gewollt hatten.

Das Bett des kranken Kindes stand allein in einem kleinen Zimmer neben dem großen Saal. »Wir haben es vor einer Stunde hier hereingestellt,« sagte die Schwester, »es ist besser so.«

Ja, ja, ich wußte schon, warum. Ich blieb an der Tür stehen, ein großer Wandschirm verbarg mich vor Elisabeths Augen. Ich sah sie durch einen Spalt. Sie lag mit offenen Augen und sah glücklich aus, wie ich sie nie gesehen hatte. Ihr Freund setzte sich zu ihr und nahm ihre Hand. »Siehst Du die Blumen?« sagte er. »Sie gehören Dir, Du darfst sie dann mit heimnehmen und pflegen.«

Sie nickte leise. »Du mußt nicht mehr fortgehen,« sagte sie.

»Die Schwester bringt mir ein Bäumlein mit Lichtern, das mußt Du auch sehen. Sie ist so lieb.«

Er wollte es freilich auch sehen. »Ich gehe nicht mehr fort,« sagte er. »Solange Du mich da haben willst, bleibe ich.« Wie zärtlich konnte er reden. Er hatte eine Stimme wie eine Mutter, wenn er mit dem Kinde sprach. Dann aber schien er sich meiner zu erinnern. Er wurde unruhig. »Du, Liesekind,« sagte er, »es möchte Dich jemand sehen. Jemand –« Er zögerte, es wurde ihm nicht leicht, es auszusprechen, aber um des Kindes willen sagte er es dennoch: »Jemand, der Dich lieb hat.«

Wie dankte ich ihm das Wort, heute noch tue ich es.

Das Kind machte große Augen. »So jemand weiß ich nicht. – Oder – die Mutter?«

»Nein, Liesekind, die Mutter kann erst nach dem Feste kommen; es ist jemand anderes.«

Es war ein schweres Stück, ich begriff es wohl. Sollte ich leise hinausgehen und mein Elend mitnehmen? Aber ich konnte es nicht. Sie starb noch heute, die Schwester hatte es gesagt, und ich sah es auch wohl. Sie durfte nicht so fortgehen, nicht so.

Da faßte der kleine Mann beide Hände des kranken Kindes und sagte: »Sei lieb, Kind, es ist einer – ich, ich bin ihm so bös gewesen, aber er dauert mich jetzt so.«

Da ging ein angstvolles Erschrecken über das Kindergesicht: »Er?«

Das war eine harte Strafe, daß ich das sehen mußte.

»Ja, Kind, aber er glaubt es Dir jetzt, es tut ihm –«

Ich wartete nicht länger, ich konnte es nicht mehr, ich trat an das Bett, um aus dem Munde dieses Kindes einen Trost oder eine schwere, schwere Last zu empfangen.

»Verzeih mir, Elisabeth.« Ich wußte sonst nichts zu sagen.

Der Sonnenschein von vorhin war aus dem Gesichtchen weggewischt, es sah zum Erschrecken ernst und elend aus. Die Augen, die mich eine Sekunde lang voll angesehen hatten, gingen zu ihrem Freunde hin, als wollten sie sagen: Hilf mir. Der drückte ihr nur still die Hände. »Sei gut, Kind, sei lieb,« flüsterte er. Es brach eine Schönheit, die nur die haben, die lieben, aus seinem Runzelgesicht heraus.

»Verzeih mir,« sagte ich noch einmal. Hier war nichts zu erklären, hier hatte ich keine Würde und kein Amt, es war nur das eine zu sagen: Verzeih mir.

Da nickte Elisabeth, ernst und schwer, und sah mich voll an; wie ein reifer Mensch einen andern Menschen ansieht, dessen Schuld und dessen Kummer er sieht und begreift – und dem er helfen kann.

»Ja,« sagte sie leise, wie aus tiefen Gedanken heraus, dann noch einmal: »Ja.« Sonst nichts. Aber sie zog die eine ihrer heißen Hände aus denen ihres Freundes und gab sie mir.

Dann kam eine große Bangigkeit und Atemnot, und ich mußte gehen. Als ich durch die nächtlichen Gassen schritt, sah ich hinter den Fenstern da und dort die Christbaumlichter brennen, und ich dachte daran, wie ich vor einer Stunde noch, denn viel länger war es nicht her, so froh in den heiligen Abend hineingegangen war, und was ich nun mit mir herumtrage. Zu Hause fand ich das Bäumchen und allerlei Geschenke, und die Haushälterin fragte vorwurfsvoll, wo ich denn gesteckt habe, die Kinder seien dagewesen, und ob ich denn das nicht wisse? Als sie mich wieder allein ließ, zündete ich ein einziges Lichtlein an und saß bei seinem kleinen Schein, lange saß ich so. Ich merkte nicht, wie es verlöschte, ich hatte mit mir selber zu tun.

Ich wußte wohl, es geschah kein Wunder, das mir das Kind zurückgab, damit ich es aufs neue gewinne durch geduldige Liebe und durch neues Vertrauen. Ich durfte seine Augen nicht aufleuchten machen, ich mußte sie immer wieder vor mir sehen in Bitterkeit, in suchendem Flehen und zuletzt in dem tiefen, schweren Ernst, mit dem sie mir das Geschenk der Verzeihung gaben.

Aber ich selber lebte noch. Das Amt war noch nicht von mir genommen, so unwert ich mich dessen fühlte zu dieser Stunde und von da an noch oft. Es saßen noch Kinder vor mir, und ich konnte noch lernen – und ich wollte es –, sie zu lieben und mich von ihnen lieben zu lassen. Ich konnte das köstlichste Gut, ihr Vertrauen, suchen und ihnen das meinige geben, und wenn ich ein scheues, hilfloses Gesichtlein vor mir sah, dann sollte der Schmerz, den mir die Erinnerung machte, eine warme, helle Flamme der Liebe in mir anzünden, die bis auf den Grund ging und die helfen konnte. Ich konnte noch einmal Teil an der großen Freude bekommen, die allem Volke widerfahren ist. Sie ist Liebe, und ich hatte sie nötig, denn ich war in mir selber arm geworden.«

Der Erzähler schwieg, und das Kind, das mit klopfendem Herzen zuhörte, sah, wie seine alte Freundin still nach seiner Hand griff und sie drückte.

Das Lichtchen am Christbaum war herabgebrannt, nun flammte ein Tannenzweiglein auf. »Der Baum brennt!« rief das Kind unwillkürlich. Da stand der alte Herr auf und drückte die Funken aus.

»Bist Du immer dagewesen, Kind?« fragte die Großmutter.

»Ja,« sagte das Kind und kam heran, denn es wollte dem lieben Mann nahe sein, der zu dieser Stunde sein Herz dargelegt hatte, wie es im Fehlen und Bluten und Lieben gewachsen war.

Es mußte ihm etwas Liebes tun, aber es wußte nicht, was; das tat ihm weh, und der alte Herr sah ihm die Not auf dem Gesicht an beim flackernden Lichte der Straßenlaterne, die gerade unter dem Fenster brannte.

»Was ist Dir, Kind?« fragte er gütig.

Da konnte es das Kind nicht mehr bezwingen.

»Ich möchte Dich liebhaben,« sagte es.

»Das tu Du, das darfst Du wohl,« sagte die Großmutter.

Da legte das Kind seine Hand in die große, feine Hand des alten Herrn und schmiegte sich dicht an ihn, und er küßte es zart und lieb auf die Stirn; dann ging es hinaus und hatte ein Glück und eine Freude im Herzen. –

Solche Dinge kann die Erinnerung erzählen, solange der Zug klappernd durch die Nacht fährt, und im Wagen Geschrei und Geschwätz und Qualm ist und draußen leise die Flocken fallen.

Der Mitsünder

Er ging, als es am Dunkelwerden war, aus dem Hause, das er hinter sich abschloß. Es gab einen sonderbar hallenden Ton, als er die schwere alte Eichentür zufallen ließ. »Nun ist das Haus leer,« schien er zu sagen. »Du kannst ruhig ausgehen, es ist niemand, der dich vermißt und allerdings auch niemand, der auf dich wartet, wenn du nachher heimkommst.« Er hatte den Ton schon oft gehört, aber heute fiel er ihm ganz besonders auf. Das machte die Stimmung, in der er sich schon den ganzen Tag befand. Heute vormittag hatte er noch seine Amtsgeschäfte erledigt. Er war stellvertretender Amtmann an dem Oberamt der kleinen Stadt und noch nicht lange hier. Es war ein schönes, altes Städtchen mit Giebelhäusern und allerlei merkwürdigen Höfen, Treppenaufgängen und Erkern. Das war so recht etwas für ihn, das wollte er alles ausstöbern; es war ihm gar nicht angst, daß er sich nicht einleben würde. Aber heute, am vierundzwanzigsten Dezember, ging doch allerlei in ihm um, das über die Berge hinüber verlangte, mit denen Beerbach eingeschlossen war. Um es geradeheraus zu sagen, er spürte etwas wie Heimweh, obgleich er selbst das gefühlvolle Wort nie gebraucht hätte. Er hatte kein Elternhaus mehr, aber er hatte eine mütterliche Freundin, die ihm bis jetzt jedes Jahr einen Christbaum angezündet hatte und die eigentlich auch heute auf ihn wartete. Das heißt, jetzt mußte sie den Brief haben, in dem er ihr für diesmal abgeschrieben hatte. Er hatte es für besser gehalten, heuer nicht hinzufahren. Da war noch ein anderes Haus, dicht daneben, das durfte er jetzt nicht sehen, weil – kurzum weil er mit sich ausgemacht hatte, daß es noch nicht an der Zeit sei, zu reden, und weil er sich nicht traute, ob er schweigen könne. Aber darum zog es ihn nun doch dorthin, mächtig zog es ihn. Darum, als die Haustür so sonderbar zufiel, zog er noch einmal die Uhr aus der Tasche, um nachzusehen, ob es im Notfall doch noch auf den letzten Zug reiche. Es reichte aber nicht, er war schon abgefahren, das hatte er ja eigentlich auch gewußt. Da schlug er den Weg nach der alten Burg ein, die auf einer Anhöhe über dem Städtlein lag. Alle Beerbacher wußten, daß in der alten Burg, das heißt im Erdgeschoß, in der Weinwirtschaft der Frau Stängelin, der Stammtisch der jüngeren ledigen Herren war. Es lag da, neben dem großen Saal, in dem die vielen Tische und Bänke waren und in dem die Wahlversammlungen und andere große Gelegenheiten abgehalten wurden, ein hübsches, achteckiges Stüblein, mit dunklem Holz getäfelt, mit Butzenscheiben und Schiebfensterchen, mit alten Holzschnitten an den Wänden und mit hochlehnigen Stühlen um einen schweren Eichentisch her. Der Eichentisch hatte eine Fußleiste unten herum, und seine Platte war vielfach zerschnitten durch Namen und Daten längst vergangener und gegenwärtiger Geschlechter. Ein Kachelofen stand darin, der wie sein Bruder im Cleversulzbacher Pfarrhaus »halt so hinwärmelte«. Alles in allem war das »Nebenzimmer« in der alten Burg ein heimliches Eckchen und die Frau

Stängelin war auch dazu angetan, es ihren Herren gemütlich zu machen. Ihr Markolsheimer und Kaiserstühler und Klingelberger war gut, und was sie kochte und briet, war auch gut. Also fühlten sich die jungen Männer, die noch kein eigenes Hauswesen hatten und denen am Abend die Einsamkeit aus den Ecken ihrer möblierten Zimmer entgegenkroch wie ein böses Tier, wohl in ihrer Atmosphäre. Sie hatte auch das Herz, daß sie hie und da dem einen oder andern eine mütterliche Wahrheit sagte, ohne Angst, ihr Klingelberger könnte es büßen müssen, und außerdem hatte sie eine wohlgefüllte Nähschachtel mit Knöpfen und Fäden, schwarzen und weißen, mit denen sie nicht geizig war und mit denen sie hie und da einen betreute, dem in seiner Stube niemand nach seinen Kleidern sah.

Heute abend hatte sie ein Bäumlein geschmückt mit weißen Lichtern und silbernen Fäden und ein Körblein mit Lebkuchen darunter gestellt. »Daß sie auch wissen, daß Christtag ist,« sagte sie vor sich hin, als sie den Berg hinunter schaute nach den Ersten, und dabei ihrer eigenen fernen Söhne gedachte, deren einer in einem Kurhotel an der Riviera die feinere Restaurationskunst erlernte und ein anderer in Amerika einen Jugendstreich verheilen ließ. Als der Abend dunkler wurde, kam zuerst der Ingenieur von der Gießerei, bei dem sich das Heimgehen nicht verlohnte, weil der Betrieb nur zwei Tage stillstand und sein Elternhaus im hohen Norden war, dann der Assistenzarzt vom Krankenhaus, dann der Buchhalter von der Falzziegelei, der eine Braut hatte und auf Silvester zu ihr fahren konnte, früher nicht.

Er kam lachend an. »Der Amtmann kommt auch,« sagte er. »Er hat noch eine Unterhaltung mit seiner Liebsten, der Rosel am schwarzen Eck. Wenn er sich dann trennen kann, dann kommt er.« Alle lachten, aber die Frau Stängelin sagte unters Lachen hinein: »Der Amtmann ist ein guter Herr, er ist ein Gemütsmensch. Was ich weiß, das weiß ich. Er hat vor acht Tagen die Buben, die das Rathausfenster mit den farbigen Scheiben eingeschmissen haben, laufen lassen, weil sie gar so erbärmlich gebettelt haben. Sie habens nicht mit Fleiß getan, es ist ihnen unversehens ein Stein zu niedrig geflogen. Einem hat er eine Ohrfeige heruntergehauen. ›Gib sie weiter,‹ hat er gesagt und hat die Bande hinausgejagt. ›Das Bild war ohnehin ein Greuel,‹ hat er nachher zu mir gesagt. ›Ich wüßte noch mehr Fenster in hiesiger Stadt, die eingeworfen gehören.‹«

»Ja, aber was hat er mit der Rosel am schwarzen Eck?« fragte der Ingenieur, dem ein verhutzeltes Weiblein mit tiefen Runzeln im Gesicht vor Augen stand. Es wohnte in einem Häuslein, das aussah, als ob man es umblasen könnte, drunten in der Leimgrubengasse gegen Zunzelbach zu. Ein mächtig großer, dunkler Steinblock war gegen das freistehende Eck des Häusleins gewälzt und lag so klotzig da, als ob es sein Amt wäre, das alte Gebäu vor dem Umfallen zu schützen. Er lag wohl schon seit unvordenklichen Zeiten da, so was die Beerbacher unvordenkliche Zeiten hießen. Aber daß er unter der Rauch- und Schmutzschicht, die die enge Gasse auf ihn gelegt hatte, ein großes eingehauenes Auge in einem Dreieck, von dem ringsherum Strahlen ausgingen, auf der wenigst rauhen Seite seiner Flächen trug, das hatte erst der junge Amtmann entdeckt, dem der Stein gleich aufgefallen war und der auf seinen Wegen, die ihn ins Freie oder auf die alte Burg führten, schon manchmal suchend vor ihm stillgestanden war.

Er hatte sich seine Gedanken darüber gemacht, woher der Stein komme und was das eingehauene Zeichen darauf bedeute und hatte auch mit dem Messer daran herumgekratzt, ob nirgends eine Inschrift, die Aufschluß gebe, zu finden sei. Aber er hatte nicht gesehen, daß dann hinter den grünlich angelaufenen Fensterscheiben des Häusleins ein altes Gesicht nach ihm sah und ein grauer Kopf verwundert wackelte, was wohl der Herr mit dem Stein wolle.

Der Buchhalter, der ein Spaßmacher war und gern uzte, hatte es aber gesehen und am Stammtisch erzählt, der Amtmann gehe fensterln bei der Rosel, und es hatte des ruhigen Respekts bedurft, den der Amtmann, ohne es zu wissen, seiner Umgebung einflößte, daß man ihn selber seither damit verschont hatte.

Aber heute wurde es ihm nicht so gut. Der Buchhalter war schon mehr als eine Viertelstunde da und nach ihm war noch der Ehrengast des Stammtischs, der alte asthmatische Revisor Lautenschlag angeschnauft gekommen, und noch immer mußte allem nach der Amtmann da unten stehen am schwarzen Eck, wo die Rosel ihren dürren Hals zu dem Schiebfensterchen herausstreckte. Das wurde ihm diesmal nicht geschenkt, das mußte er zu hören kriegen. Der Buchhalter war ganz in der Stimmung, irgend jemand »steigen zu lassen«, das war ihm jetzt ganz einerlei, wer es war.

»Jetzt kommt er,« sagte er profitlich, als er endlich draußen Schritte hörte und gleich darauf der Erwartete eintrat. Er hob sein Glas und brachte ihm einen Willkommensschluck, und dann fiel er an zu trällern: »Von allen den Mädchen so blink und so blank, gefällt mir am besten die – he, he, he –« er hustete ein wenig, dann fuhr er fort, »die Rosel. Prost, Herr Amtmann.« Frau Stängelin kam an den Tisch her, denn sie wollte jetzt nichts mißliebiges aufkommen lassen und sagte etwas über das Wetter, das sich heute nacht noch zum Schneien zu schicken scheine und über die Karpfen, die bald vollends fertig seien. »Sie sind der Letzte, Herr Amtmann,« fügte sie dann aber doch hinzu, denn sie war auch ein bißchen neugierig, was der junge Mann mit der alten Jungfer zu verhandeln gehabt habe.

»Das kann ich Ihnen sagen, warum er so spät kommt,« sagte ein bißchen geziert der Buchhalter. »Er hat nämlich, ich hab's nämlich gesehen, daß er ein Rendezvous hatte mit einem schönen Fräulein. Ich bin nämlich vorbei gegangen, aber er ist zu vertieft gewesen, er hat mich nicht gesehen.« Jetzt lachten alle, nur der Letztangekommene nicht. Sein Gesicht trug einen ruhig-heiteren Ausdruck, mit dem war er aber schon hereingekommen. Er hängte seinen Hut und Mantel auf und sagte: »Schneien wird's kaum, es ist zu kalt dazu. Der Himmel hat sich aufgehellt, man sieht schon da und dort einen Stern.« Dann rieb er sich die Hände, die ein wenig frostrot waren und setzte sich an seinen Platz.

Die Wirtin lachte in sich hinein und ging in die Küche.

»Der sagt bloß was er will, und was er nicht will, das sagt er nicht.«

Sie hatte Respekt davor, wenn es einer so machte.

Aber als das Essen vorüber war und das Bäumchen brannte und der Punsch seine duftende Dampfwolke aus der Schüssel steigen ließ, so oft man den Deckel abhob, und Frau Stängelin sich auf die Aufforderung ihrer Herren zu ihnen an den Tisch setzte, da konnte sie doch nicht anders, sie mußte den Herrn Amtmann fragen: »Jetzt Ihnen muß doch heute etwas Gutes passiert sein, das sieht man ja auf hundert Schritt. Dem Herrn Lerchenreuter seinen Spaß (der Buchhalter hieß nämlich Lerchenreuter), den muß man ja nehmen, wie den ganzen Mann, auf die leichte Achsel, aber alles was recht ist, etwas steckt doch dahinter, das könnten Sie einem doch erzählen. Also nämlich die Rosel –.«

»Also nämlich die Rosel,« tat zu aller Erstaunen der Herr Amtmann den Mund auf, »ist heute morgen bei mir vor Amt gewesen. Der Köbele« – der Polizeidiener des Städtleins, ein junger und scharfer und diensteifriger Mann, hieß Köbele – »der Köbele hat herausgebracht, daß sie heiße Holzasche in einem Weidenkorb auf ihre Bühne gestellt hat und daß der Korb angefangen hat, zu glosten. Wie es der Köbele herausgebracht hat, weiß ich nicht, er hat eine Spürnase für alles, was gegen die polizeilichen Vorschriften ist. Genug, er hat es gemeldet und die Rosel, wie Sie sie heißen, oder die Marie Rosine Lederer, hat eine Vorladung vor das Oberamt bekommen wegen Fahrlässigkeit mit brennbaren Stoffen.

Heute Vormittag haben wir nun aufgeräumt mit den Bagatellsachen. Da war zuerst der Bretzelbäck da mit seinem Lehrling, der in der letzten Samstagnacht seinen Kameraden heiße Laugenbretzeln an einer Schnur zum Fenster hinuntergelassen hat. Die Kameraden standen auf dem Staffelaufgang, der vom Schwörbach zu der Hollengasse heraufführt und fingen die Bretzeln auf. Der Bretzelbäck hätte selber nichts gemerkt, denn er war am Backofen beschäftigt, aber die Frau hörte im Bett das Gewisper der Buben, und sah, als sie aufstand um nachzusehen, wie ihr Strick von Lehrling eben eine neue Tracht an die Schnur gebunden hatte und wie sich die Hände der Buben darnach streckten.«

»Ja, sie hat überall Augen und Ohren,« sagte Frau Stängelin, »sie ist eine Neunmalgescheite.«

»Ja, also mit diesem Lehrling war der Bretzelbäck heute früh vor Amt,« fuhr der Amtmann fort. »Dann war der Fuhrmann Ringöhrle da, der sich wegen Tierquälerei zu verantworten hatte.«

»Das stimmt, er haut seinen armen klapperdürren Gaul so, daß man ihm die Peitsche aus der Hand nehmen und selber hinten überziehen möchte.« Frau Stängelin hatte die vollen Arme auf den Tisch gelegt und nahm im Eifer des Zuhörens dem Amtmann das Wort vom Mund weg.

»Es waren dann sonst noch ein paar Leute da, ein Hausierer aus dem Bayrischen, der keinen Hausierschein hatte. Den haben wir über die Feiertage eingesponnen, das hatte er ja wohl gewollt, als er den Hausierschein in den linken Stiefel steckte und tat, als ob er ihn verloren habe. Der Köbele sah das Papier oben herausgucken, aber nun mußte ich ihn strafen, weil er die Obrigkeit hintergangen hatte.«

Der Amtmann lächelte vor sich hin.

»Ja, ja, man kennt die Schliche,« sagte der Assistenzarzt. »Wir haben auch solche Feiertagskunden im Krankenhaus. Was will man machen? Irgendwo müssen sie doch sein über solche Tage.«

»Er hat heute abend eine warme Stube und Bier und eine Pfeife Tabak,« fuhr der Amtmann fort, »und es hat ihm jemand ein paar warme Schlappschuhe geschenkt. Er sagt, so ließe er sich den ganzen Winter einsperren.« »Ich sag's ja, er ist ein Gemütsmensch,« sagte Frau Stängelin befriedigt, weil ihr Argument wieder stimmte, und sah sich Zustimmung suchend im Kreise um.

»Ja, also,« erzählte der Amtmann weiter, »und die ganze Zeit her, solang die andern abgehandelt wurden, saß die Marie Rosine Lederer wie ein Häuflein Unglück auf der Bank beim Ofen. Sie hatte ein rotes Kopftuch auf und hatte es tief ins Gesicht gezogen, daß man kaum noch die Nase darunter hervorgucken sah. Die Hände hatte sie im Schoß gefaltet und sah darauf hinunter und wackelte beständig mit dem Kopf.«

»Das tut sie immer, das ist vom Alter,« schob der Buchhalter ein, der seine Uzerei von vorhin ganz vergessen hatte.

»Als ich dann sagte: ›Köbele, führen Sie die Marie Rosine Lederer vor,‹ da zog sie ein karriertes Taschentuch heraus und wimmerte hinein: ›Ach du lieber Heiland, ach du lieber Heiland,‹ und kam mit schlürfenden, zitternden Schritten zu mir heran. Sie sah aus, wie das leibhaftige Elend, so daß es mich halb lächerte, und halb erbarmte, und der Köbele stand in militärischer Haltung neben ihr und machte ein grimmiges Gesicht. ›Es ist gut, Köbele,

Sie können abtreten,‹ sagte ich, denn es war mir, sie fürchte sich vor ihm noch mehr, als vor mir, aber vorher mußte er noch einen Stuhl holen, denn sie konnte nicht stehen vor Angst.«

Jetzt sah der Amtmann auf einmal, daß der ganze Tisch ihm gespannt zuhörte und sah auch, daß sich seine Zuhörer einen Hauptspaß von dem Verlauf der Verhandlung versprachen.

Und vor ihm stand noch einmal das verstörte, flehende Gesicht der Greisin, wie es am Vormittag vor ihm gestanden war, und er hörte ihre Stimme, die aus einem faltigen Kröpflein heraus gurgelte: »O send se doch barmherzig ond strofet se me net, Herr Amtmann. Älles no dees net, no daß e ehrlich stirb ond net ens Buach komm.«

»In was für ein Buch?« hatte er gefragt.

»O en dees Buach, wo de vorbestrofte Leut neikommet. Sie häbet a groß' schwarz' Buach, do standet älle dren, wo gstroft worde seiet, hot mei Vatter ällamol gsait. Ond gucket se, von ons is no kois en dem Buach gstanda, bloß i alloi komm jetzt nei. Jetzt ben e sechsasiebezg ond emmer ehrlich ond redlich gwä, wenn e au no ledich ben. Wie ka-n-i en d' Ewigkeit nüber zu meine Leut, wenn e jetzt vorbestroft werd? O send se doch barmherzich, Herr Amtmann, ond strofet se me net.«

Es waren große und schwere Tränen in den tiefen Furchen der Wangen und an der spitzen Nase entlang gelaufen und immer wieder mit dem karrierten Tüchlein abgetrocknet worden und dem jungen Mann war es eingefallen, daß er auch einmal in ohnmächtiger Furcht vor einem Mächtigen gestanden war und um Abwendung der Strafe gefleht hatte. Das war der Metzger Eitel in seinem Heimatstädtlein gewesen, der dem Siebenjährigen gedroht hatte, ihm »den Kopf zwischen die Ohren zu setzen«. Er mußte schier ein wenig lachen dem herzbrechenden Jammer des alten Weibleins gegenüber und sagte, sich zusammennehmend: »Sie kommen in kein Buch, Frau Lederer, seien Sie doch nicht so außer sich. Sondern Sie zahlen eine Mark Strafe und tun ein anderes Mal ihre Holzasche in ein Blechgefäß mit einem Deckel, dann ist alles vorbei und Sie sind unbescholten wie vorher.«

Aber es nützte nichts, auch nicht der Vorschlag des Herrn Amtmanns, in den sicher der vierundzwanzigste Dezember hereinredete, daß er selber die Mark für sie zahlen wolle.

»Sischt mer net om dui Mark, s'scht mer om d' Schand',« jammerte das Weiblein weiter. »O gibt dees en Christtag, gibt dees en Christtag! so han e no nia koin verlebt.«

Das alles zog in rascher Folge an dem Gemüt des jungen Mannes vorüber, als er in die gespannten, zum Lachen bereiten Gesichter seiner Zuhörer sah, und er konnte nicht fortfahren, sein Erlebnis des Vormittags ausführlich wiederzugeben, wenigstens erst von da an, wo die tröstliche Lösung einsetzte, die ihm im rechten Augenblick sein menschenfreundliches Herz eingegeben hatte.

Er sagte nur: »Es war ein rechtes Stück Arbeit, dem verstörten Weiblein klarzumachen, daß es sich nicht um eine Degradierung in der öffentlichen Meinung handle, es wollte mir lang nicht gelingen, bis mir auf einmal etwas einfiel.

»Sehen Sie,« sagte ich, »man kann einmal bestraft sein und es doch noch zu etwas Rechtem und einem guten Ansehen bringen. Ich, wie Sie mich hier sehen, ich bin auch vorbestraft und bin jetzt doch Amtmann hier, kein Mensch sieht mirs mehr an.« Da riß sie in ungläubigem Staunen ihre trüben und eingesunkenen Äuglein auf und schluchzte noch ein paarmal trocken auf. ›Wa – was, Sia send vorbestroft?‹ stotterte sie. ›Dees, dees kâ doch schier et sei, so a Herr, so a nobler ond rechter.‹ Aber ich blieb dabei, daß ich in Beziehung auf Polizeistrafen gleich stehe wie sie, ja, daß die meinige sogar seiner Zeit drei Mark gekostet habe, nicht bloß eine. Da fing ein sachtes Glänzen an, sich über ihre Runzeln zu verbreiten und sie hob ihre blaue Schürze, da das Tüchlein keine Feuchtigkeit mehr aufnehmen konnte, an ihr Gesicht, um es endgültig abzutrocknen und sagte aus der Schürze hervor: ›Jetzt wenn i nüber komm zu meine Leut ond mei Vatter will mer wüescht komme, weil i aufgschriebe be, no sag i oifach, der Herr Amtmann seiet der nemlich Sender wia i.‹

Und sie zog getröstet ab in solcher Gemeinschaft.«

Es hatte nun doch noch ein großes Gelächter gegeben am Stammtisch der ledigen Herren. Der Amtmann aber saß nach vollbrachter Erzählung still da und lächelte in sich hinein. Sie wollten wissen, auf was für eine Studentenübeltat, denn das sei es doch wohl gewesen, die besagte Strafe gefolgt sei, und er sagte, es sei wegen späten Singens durch die Tübinger Straßen in einer unerlaubt schönen Maiennacht gewesen. Da wollte ein jeder auch etwas erzählen, was er an seligen Jugendeseleien verübt habe und wie es ihm bekommen sei und der Amtmann saß still dabei und hatte noch etwas in sich, von dem er nichts gesagt hatte und auch nichts sagen wollte.

Als er nämlich bei seinem Weg auf die alte Burg an dem schwarzen Eck stillgestanden war, um an seinem Stein herumzuspüren, da hatte sich das Schiebfensterchen des windschiefen Häusleins aufgetan und eine dürre Hand, deren Besitzerin er erst seit heute kannte, hatte herausgelangt. »Denket Se no, i han no a Hefelaible bacha, so freut mi mei Leba wieder,« hatte die alte Stimme der Rosel am schwarzen Eck, wie man sie im Städtlein nannte, gesagt und ihm ein Stücklein ihres Gebäcks, in ein Zeitungspapier eingeschlagen, herausgeboten. »I wär jo net so keck, aber i han heut älls scho denkt, Sie häbet gwiß au koi Frau Mutter meh, sonst wäret Se doch hoimgfahre. Ond der Mensch mueß doch au ebbes Guats han en de Feiertäg.« Er hatte die Gabe eines dankbaren Herzens angenommen und den liebenden Blick gespürt, den ihm das alte Weiblein nachsandte. Nun lag das Stücklein Hefenbrot in seiner Brusttasche und wärmte etwas in ihm, das heute der Wärme bedürftig war. Als er aber still in dem lebhaften Kreise saß und bei sich erwog, wie er es mache, daß er den Heimweg unter dem Sternenhimmel allein gehen könne, ohne eine andere Gesellschaft als die seiner Gedanken, spürte er plötzlich, daß ihn jemand ansah. Und als er die Augen aufhob, begegneten sie denen der Frau Stängelin, die in überwallender Mütterlichkeit und alle ihre Gefühle darin zusammenfassend zu ihm sagte: »O Herr Amtmann, Sie sehen auf und nieder meinem Konrad gleich.«

Der Konrad war derjenige ihrer Söhne, der in Amerika auf einer Farm bei Verwandten arbeitete, weil er in der Heimat »etwas angestellt« hatte, und der Buchhalter schüttelte den Kopf über den Vergleich. Aber er war ihr Lieblingssohn und es war das Beste und Liebste, was sie zu sagen wußte.

Er aber nahm das Wort still und erfreut in sich hinein und bewegte es in erwärmtem Herzen, als er gleich darauf und zuerst von allen unter dem großen brennenden Christbaum des nächtlichen Himmels dem schlafenden Städtlein zuschritt.

Wie Frau Heilemann auf ihre Kosten kam

Es war eine schöne Stube, schöner als Laura in ihrem Leben noch eine gesehen hatte. Lauras Leben war noch nicht sehr lang, fünf Jahre dauerte es nun, dies hier war das sechste, das hatte aber kaum begonnen. Indessen hatte sie doch schon verschiedene Stuben gesehen. Sie saß auf einem hölzernen Kinderstühlchen und war eben daran, sich zu verwundern, wie das alles zugehe. Zuerst war etwas gewesen, schon lange – schon sehr lange, dachte Laura, etwas Helles, grüne Bäume waren dabei gewesen und ein Bach, über den Bach ging ein Brücklein, und Laura meinte, es sei etwas mit Enten vor sich gegangen, mit Enten, die unter der Brücke durchschwammen und schnatterten. Aber genau wußte sie das nicht mehr. Dann kam etwas, das war deutlicher, aber nicht so hübsch. Eine Giebelstunde mit einer schrägen Wand, und an dem einen Fenster die rasselnde Nähmaschine. Allerdings, an der Nähmaschine war immer die Mutter gesessen. Doch, es war auch schön gewesen, wenn man es recht bedachte. Von dem zweiten Fenster aus hatte man ein großes Stück von der Welt gesehen, bis hinten hin, wo sie mit dem Himmel zusammenstößt, und dann die Wolken. Nein, wie die dahinflogen! Die Mutter hatte einem das immer so schön erzählen können. Später hatten sie dann irgendwo hinten hinaus gewohnt, mit Aussicht auf einen Hof und eine Brauerei. Nun saß sie hier in Frau Heilemanns schöner Stube, in der alles glänzte und summte vor Behaglichkeit. Was nun wohl käme? Die Mutter war verreist, sie hatte einen bösen Husten und war im Schwarzwald, irgendwo, wo man wieder gesund wurde. Sie hatte ganz bestimmt versprochen, wiederzukommen, und Laura hatte dagegen versprechen müssen, »ein liebes Kind und nicht weinerlich« zu sein. Das hatte sie bis jetzt auch gehalten, es war aber auch erst drei Tage her. Hier in Frau Heilemanns Stube gab es viel zu sehen. Das war geschickt, denn umhergehen und gar spielen konnte man nicht so gut darin. Der Boden war ganz glatt und glänzend, und Frau Heilemann hatte sofort Filzschuhe für die kleinen Füße gekauft. Sie selbst trug auch solche, nur natürlich viel größer. Frau Heilemann war groß, breit und dick, so dick, daß Laura sich immer aufs neue wundern mußte, wie es solche Leute geben könnte. Sie selbst war so winzig dagegen, – wie ein Grashälmchen gegen einen Fliederbusch (obgleich sie natürlich den Vergleich nicht machte). Aber auch die Mutter war so dünn und schmal, daneben gesehen, Frau Heilemann hatte selbst gesagt, als sie abreiste: »Aus mir könnte man drei solche Mütter machen wie deine, Laura, obgleich es nicht nach meinem Wunsche geht, daß es so ist.«

Aber Laura hatte doch ihre Zweifel, ob es dann wirklich solche Mütter gäbe wie die ihrige, wenn man Frau Heilemann dritteilte. Sie dachte im stillen, sie wollte doch lieber, daß ihre eigene, einzige wieder käme. Im Vertrauen, und nur sich selber gestanden, Laura mochte eigentlich Herrn Heilemann lieber. Der hing in einem breiten Goldrahmen an der Wand, und war nur gemalt, aber das tat nicht soviel. Er blickte immer gleich freundlich auf das kleine Mädchen herunter, ja wenn man genau hinsah, so schien er mit den Augen zu zwinkern, als wollte er sagen: »Sei du nur ganz fröhlich, Kleines. Denn das ist ebensogut meine Stube wie ihre, ja, ich habe hier auch ein Wort mitzureden.« Laura verstand sich sehr gut mit ihm. Er hatte ein rundes, rötliches Gesicht und sehr blaue Augen und hatte eine geblümte Samtweste an, über die sich eine dicke Goldkette spannte. Aber er sah nicht aus, als ob er es schwer nähme, daß nun Laura für einige Zeit hier im Hause sei und Essen, Filzschuhe und schöne neue Schürzchen brauche. Frau Heilemann nahm es schwerer. Sie war eine entfernte Base von der Mutter und hatte sich bereit erklärt, das Kind aufzunehmen, solang diese fern sei. »Hoffentlich ist es nicht für ganz, denn das könnte ich natürlich nicht, ich bin nicht auf Kinder eingerichtet,« sagte sie, und Lauras Mutter versprach auch ihr das Wiederkommen, »soviel an mir liegt.« Natürlich, mehr konnte sie nicht versprechen. Aber Frau Heilemann baute fest darauf. Sie hatte nie selbst Kinder gehabt, und nun war sie alternd und kränklich (so dick sie auch war, ja, gerade darum). Nun konnte sie nicht noch anfangen. Auch war sie gerührt über sich selbst, daß sie »es ganz umsonst tue«. Das Geld war ja alles schwer erworben, leichter ausgegeben als verdient, und niemand fiel es ein, etwas umsonst zu geben. Aber so war sie nun, sie tat es ganz umsonst. Da mußte sie es doch hier und da wenigstens sagen dürfen. Laura wußte es nun allmählich gut, sie hatte es öfters gehört. Die Filzschuhe, das neue Schürzchen, und dann, heute abend, am Heiligen Abend, da kam das Christkindchen, Frau Heilemann hatte es gesagt. Es brachte etwas, das hatte sie auch gesagt, so war sie nicht, daß sie ein Kind im Hause hatte, ohne ihm etwas zu bescheren. Aber es kostete Geld, und wer gab es her? Wer? Es war sonderbar, Laura wußte es noch gut, sie hatte immer ein Bäumchen gehabt und Lebkuchen und eine Puppe, die jedes Jahr ein neues Kleid bekam. Aber gewiß hatte das Christkindchen dies alles umsonst gebracht, direkt vom Himmel her, von Frau Heilemann ließ es sich aber bezahlen. Eigentlich tat sie ihr ein bißchen leid, es mußte hier alles schrecklich viel Geld kosten. Frau Heilemann hatte denn auch immer ein etwas sorgenvolles Gesicht und eine etwas klagende Stimme, Herr Heilemann sah viel fröhlicher aus, so, als ob er nicht wüßte, daß das Leben eine so teure Sache sei.

Links und rechts von ihm hingen die Bilder von zwei alten Frauen. Sie hatten hohe, weiße Hauben auf und schöngemalte Spitzentücher über der Brust und machten gleichfalls freundliche Gesichter. Und unter ihnen kniete ein schwarzer Negerknabe in weißem Hemdchen auf der Kommode, der hütete eine Sparbüchse mit einem breiten Schlitz und bedankte sich jedesmal kopfnickend, wenn ein Geldstück in den Schlitz fiel; er sah unsäglich freundlich aus. Laura hatte eine große Sehnsucht danach, daß einmal jemand etwas in den Schlitz stecke, denn bis jetzt wußte sie das mit dem Kopfnicken nur vom Hörensagen. Sie war bisher ruhig auf dem hölzernen Stühlchen gesessen, – das hatte Frau Heilemann auch eigens ihretwegen angeschafft – nun stand sie auf und wagte sich auf ihren weichen Filzsohlen bis an die Kommode hin. Draußen fiel Schnee herunter in dichten, weißen Flocken, hier drinnen war es warm, still und fast feierlich, es war so unaussprechlich sauber. Ob sie es wagte? Frau Heilemann war in der Küche, da tippte Laura mit spitzen Fingerchen an den Kopf des Negers. Sogleich neigte der sich vor und – schwapp, wieder zurück. Nun hatte er sich bedankt und doch nichts bekommen. Das war wohl nicht ganz recht, und in eben diesem Augenblick kam Frau Heilemann herein und sah forschend herüber: ob Laura etwas verderbte? Kinder verderbten ja immer etwas. Ja, nun mußte es heraus; die Mutter hatte immer alles erfahren, was Laura tat, auch wenn es einmal etwas Ungeschicktes war. Hier ging es aber nicht so leicht wie bei der Mutter. »Ich habe ihm nichts geschenkt, ich habe ihn nur einmal nicken lassen.« Es war scheints nichts Böses gewesen, Frau Heilemann setzte sich in ihren mächtigen Armlehnstuhl und sagte nur etwas grämlich: »Das will ich glauben, daß du ihm nichts geschenkt hast. Mir schenkt auch niemand etwas, fällt keinem ein, und wenn zehnmal Heiliger Abend ist.«

Laura mußte sie aufmerksam betrachten. Sie war so blaß, obgleich ihr Gesicht so rund und voll war, und sie sah so aus, als ob sie gar nicht vergnügt wäre. Die Mutter hatte eigentlich viel fröhlicher ausgesehen, so um die Augen und den Mund herum, aber allerdings, das war auch die Mutter. Vielleicht war sie betrübt, daß ihr niemand etwas schenkte? Wenn Laura doch nur etwas gehabt hätte!

Frau Heilemann lehnte ein wenig im Stuhl zurück und atmete laut und stark. Und Laura fühlte, daß sie ihr noch ein wenig leider tat als vorher schon, – gleich hatte sie sie auch ein wenig lieber. »Bist du krank?« sagte sie. Eigentlich schüchtern war sie nicht, aber bei Frau Heilemann hatte sie bisher nicht soviel gewagt. »Krank?« sagte diese. »Das will ich meinen. Es glaubt's nur niemand. Es fehlt mir überall, aber das verstehst du nicht.« Sie sagte es ein wenig patzig, aber als sie das aufmerksame Gesichtchen sah, das einen mitleidigen Ausdruck trug, wurde sie weicher. »Ich habe zu wenig Blut, viel zu wenig, fast gar keins!« fügte sie hinzu. »Aber was weißt du davon?« Doch, von Blut wußte Laura etwas. Sie hatte sich einmal mit einem Glasstückchen geschnitten, da war rotes, warmes Blut aus dem Fingerchen gelaufen. Und die Mutter hatte sich dann mit ihr darüber unterhalten, daß noch viel davon in dem festen, kleinen Körper sei. »Ich habe viel,« sagte Laura. Sie machte ein nachdenkliches Gesicht. »Ja, du, mit deinen runden, roten Backen, das will ich glauben. Aber das kann mir nichts helfen, du gibst mir doch nichts davon.« Frau Heilemann machte wieder ein strenges Gesicht und sah so still vor sich hin. Nein, fröhlich war sie nicht, das konnte ihr aber auch niemand zumuten. Sie hatte ihr ganzes Leben lang viel zu sorgen und zu schaffen gehabt und nicht sehr viel Freude dabei. Es war aber auch jedermann einerlei, ob sie sich freute oder nicht; Ansprüche machen, das konnte jedermann, mehr nicht. Nun mußte sie ja wohl hinausgehen und das Bäumchen richten; es war am Dunkelwerden. Es läutete eine Glocke von der nahen Kirche, und, merkwürdig, sofort regte sich etwas in ihr, das wie eine Sehnsucht oder Rührung sich anfühlte. Aber sie verstand es nur so, daß sie aufs neue dachte: ›Mir schenkt niemand etwas – nun, ich kann mir ja kaufen, was ich brauche.‹ Es war aber ein Verlangen nach Liebe und Freude, das wußte sie nur nicht. Laura war leise ans Fenster gegangen. Sie sah aufmerksam hinaus, wenigstens sah es so aus. ›Da kann ich auch die Lichter hier drinnen aufstecken,‹ dachte Frau Heilemann und ging hinaus, um das leere Bäumchen hereinzubringen. Aber dann brachte sie es doch übers Herz, die Überraschung war dann weg, und die Kinder waren nun einmal so. Also blieb sie eine Zeitlang draußen und schmückte es dort. Nun war Laura allein. Sie sah sehr ernsthaft darein. Wenn Frau Heilemann mehr Blut hatte, dann war sie sicher froher, und Laura hätte sie gern froh gemacht. So froh wie die Leute an den Wänden ringsumher und wie sie selbst und die Mutter. Sie hätte gern etwas von ihrem eignen hergegeben, aber das war da innen, das konnte man nicht nur so herausholen. Oder? damals mit den Glasscherben? Aber das hatte weh getan. Auch war kein Glasscherben da. Draußen schneite es nicht mehr, am Himmel tauchten Sternlein auf. Wenn jetzt die Mutter gekommen wäre! Es gingen allerlei Leute vorüber, sie trugen Pakete, und manche trugen Christbäume. Nachher kam wohl das Christkindchen und brachte Laura auch einen. Vielleicht noch mehreres, ach ja, vielleicht. Sie freute sich nun doch ein bißchen. Allerdings die Mutter! Aber Laura sollte nicht weinen, und das wollte sie auch nicht. Wenn nur Frau Heilemann – ja, das Blut. Da ging sie entschlossen an das große Nähkissen, das auf dem Tischchen stand, und nahm eine Stecknadel heraus. Zuerst sah sie sie zaghaft an. Dann streifte sie den weiten Ärmel ihres Kleidchens hinauf. Da hinein? aber es mußte doch sein. Sie war ein tapferes, kleines Ding. Au, es hatte doch gestochen, als sie die Nadel in das Ärmchen bohrte. Aber dafür quoll auch ein schönes, helles Tröpfchen Blut heraus, es sickerte noch ein wenig nach. Nun stand es groß und voll auf dem Ärmchen. Wenn es nur nicht hinunterfiel! Da, in diesem Augenblick ging die Tür auf. Hell brannten die Lichter an dem Bäumchen, das Frau Heilemann trug, und silbern und golden schimmerten die Kugeln daran. Und was trug sie im Arm? Etwas Blaues, es war sicher eine Jacke oder so etwas. Laura konnte sich aber nicht regen, sie mußte stillstehen, sonst fiel das kostbare Tröpfchen hinunter. »Nun?« Frau Heilemann hatte das Bäumchen auf den Tisch gestellt und das Blaue – es war ein Kinderkleid – daneben gelegt, jetzt wunderte sie sich, daß das Kind nicht herankam. Kinder pflegten doch sonst zu jubeln oder so etwas, wenn der Baum brannte. »Was ist?« Da machte Laura ein paar vorsichtige Schrittlein näher und bot ihr – und ihr Gesichtlein leuchtete von einer großen Schenkfreude – das Ärmchen.

Das Blutströpflein glänzte im hellen Licht wie ein Rubin. »Da, kann man das brauchen?« fragte das Kind.

Ach ja, wohl konnte man das brauchen. Als sie es begriffen hatte, den ganzen Hergang und die ganze Herzensregung, da tat Frau Heilemann etwas, das sie nie zuvor getan hatte. Sie kniete neben dem Kind auf den Boden, nahm das ganze Gestältlein in ihre Arme und küßte vorsichtig, fast andächtig das rote Tröpflein hinweg und dann das Kind in seine beiden blauen, leuchtenden Augen hinein.

Es hatte geholfen, das konnte Laura deutlich sehen. Denn Frau Heilemann machte ein ebenso freundliches und frohes Gesicht wie die Leute an der Wand, nun, da sie mehr Blut hatte als zuvor. Die Lichter des Christbaums beschienen das junge und das alte Gesicht und die ganze Stube, und plötzlich schimmerten sie auch in ein paar großen, dicken Tropfen, die über das runde Gesicht der Frau Heilemann rollten. Daß da Liebe war. Daß da auch für sie Liebe war. Etwas, das sie nicht zu bezahlen brauchte, das sie geschenkt bekam! Irgendwo läutete es. Es läutete aus der Kirche. Und sie fühlte eine neue Regung im Herzen; es war – ja, es war die Kosten wert, es ging doch über alles andere, zu erfahren, was Liebe sei.

Etwas von sich selber geben, ja, sich selber! Und in den Christbaumlichtern lag ein anderer Glanz als sonst: das war schon immer so, du hast es nur nicht gewußt. Darum brennen wir, daran verbrennen wir: es war einmal Liebe, die gab sich selbst; es ist Liebe, die gibt sich selbst. Ja, und nun hatte Frau Heilemann etwas geschenkt bekommen.

Kein Raum in der Herberge

Es war am Dunkelwerden. Die Laternen flimmerten rötlich durch den Nebel, der die Luft erfüllte. Am Himmel hing schweres Gewölk, das sich tiefer und tiefer herabzusenken schien. »Heut Nacht gibt's ein Schneetreiben,« sagte einer der eiligen Passanten zum andern, auf den er unversehens gestoßen war; »das wird bis morgen ein Christtagswetter.« Der andere lachte. »Mir kann's bloß recht sein,« sagte er. »Es ist doch keine echte Feiertagsstimmung ohne Schnee. Meine Frau bekommt ein Pelzwerk, das wirkt erst recht, wenn sie's morgen gleich tragen kann; wissen Sie, so recht mit einem weißen Hintergrund, so recht motiviert durchs Wetter.« »Natürlich immer ästhetisch, immer malerisch.« Der Bekannte rief es schon im Weitergehen, denn er hatte Eile. Aber das hatten ja alle Leute an diesem hereinbrechenden Abend.

Es hatte einer zugehört, notgedrungen, denn er hatte einen kleinen Umweg um die beiden stattlichen Männer herum zu machen gehabt, die das Trottoir füllten im Stehenbleiben.

Er hatte sich unwillkürlich ein wenig tiefer in seinen dünnen Rock zu verkriechen gesucht. Er hatte den Kragen emporgezogen und die Hände in der Richtung gegen die viel zu kurzen Ärmel hin bewegt. Aber es war nur eine flüchtige Idee gewesen, ein Gedanke an Pelzwerk und Wärme, die ihn dazu verleitet hatte, denn es nützte doch nichts. Er schauerte. Der Nebel kroch ihm zu dem zerrissenen Halsbund des Hemdes hinein, schlug seinen feuchten Mantel um den ganzen Mann und legte sich ihm als Schleier vor die Augen. »Hier herum muß das Haus sein,« sagte der Mensch und strengte sich an, die Schilder zu lesen, die da und dort heraushingen. Es war nicht leicht; die Dunkelheit nahm schnell zu, und mit ihr der beißende durchdringende Nebelrauch.

Da fragte er einen Vorübergehenden; es war ein Arbeitsmann in blauer Schürze, der ein Tannenbäumchen trug, geschultert, wie ein Gewehr. Er hatte ein fröhliches Gesicht, denn nun war Feierabend und nun ging es nach Hause, zu Weib und Kind, zu Fest und Freude.

»Was?« sagte er, »die Herberge zur Heimat?« Er schüttelte den Kopf. »Die ist weit von da, die war einmal da herum. Aber nun ist sie, glaub' ich, in der Hektorstraße, das ist, warten Sie, das ist so um die Georgskapelle herum, draußen gegen die breite Brücke zu. Sie wissen nicht, wo das ist? Ja,« er kämpfte einen Augenblick mit der ganz entschiedenen Lust, nun sogleich in die nächste Nebenstraße einzubiegen, wo vier Treppen hoch in einem Giebelhause sein Heim lag, und mit einer nebenmenschlichen Regung, die ihn antrieb, dem armen Menschen den Weg zu zeigen. Dann schloß er einen Vergleich mit sich selbst. »Kommen Sie,« sagte er, und schlug einen gelinden

Trab an, »ich geh' mit bis an die Annenstraße. Die ist gleich da unten; die gehen Sie ganz entlang, und dann links um die Ecke durch die Bergstraße, und dann« – er kratzte sich hinterm Ohr, denn nun ging seine Weisheit zu Ende, »dann fragen Sie nur wieder weiter. 's ist ja überall deutsch. Gar so weit kann's dann nicht mehr sein.« Der Handwerksbursche, denn das war der Mann in dem dünnen Röckchen, trabte keuchend neben ihm her und verstand den Bescheid nur halb. Aber, ja, er konnte ja fragen, das hatte er vordem schon oft gemußt. Es war doch eine Freundlichkeit, wenn sie auch nicht viel half. Und dann war er wieder allein, und suchte sich seinen Weg durch den Nebel, indes der fröhliche Mann daheim seinem Weib erzählte, daß es freilich ein bißchen spät geworden sei, aber was könne man machen, man könne doch so einem armen Menschen nicht nur so laufen lassen. Und das Weib sah ihn mit vergnügten Augen an und sagte: »Du bist ein Guter; so gut gibt's nicht viele.«

Da lachte er in den Bart vor Behagen.

Ja, und derweil fragte sich der Handwerksbursch durch. Sie schickten ihn hin und her; es wurde immer später dabei. Hinter den Fenstern brannten die Christbaumlichter und warfen kleine Lichtoasen in das Dunkel und den Nebel draußen und erloschen wieder. Und auf den Straßen wurde es still und stiller. Nun waren alle, die eine Heimat hatten, dort versammelt, und die keine Heimat hatten, die fanden doch irgend einen Ort, wo die Liebe ihrer gedachte und ihnen die Kerzen anzündete in einem windstillen, warmen Raum.

Es war kein junger Mensch mehr, der sich durch die Straßen fragte. Er hatte ein furchendurchzogenes, eckiges Gesicht mit schwarzen Bartstoppeln und sein schwarzes Haar war mit Grau untermischt. Und er hatte im Lauf der Jahre sein Nachtlager schon undenklich oft gewechselt, hatte in Scheunen, Heuschobern, guten und schlechten Wirtshäusern genächtigt. Es konnte ihm auch heut einerlei sein, wo er seine Glieder ausstreckte, obgleich das Schlafgeld nur zum allerbilligsten Unterkommen reichte. Aber er hatte gehört, daß in der Herberge zur Heimat so etwas wie eine Bescherung sei für alle, die sich an diesem Tag, oder vielmehr in dieser Nacht dort aufhielten. Und er dachte, während ihm die Zähne gegen einander schlugen vor Kälte und der feuchte Nebel ihm über den ganzen Leib kroch, an ein warmes Abendessen, das nichts kosten sollte, und an ein Paar warme Socken, die morgen vielleicht an Stelle der schmutzigen Lappen treten sollten, mit denen er die Füße umwickelt hatte. Darum wollte er sich's der Mühe nicht verdrießen lassen, die Herberge aufzusuchen. »Es ist so ein Bißchen was Frommes dabei,« hatten ihm die Bekannten gesagt, die er irgendwo getroffen hatte und die ihm die Gelegenheit verraten hatten, »aber das macht man halt mit, das ist bald vorbei.« Na also. Es sollte ihm nicht darauf ankommen. Er hatte schon manchen Christabend ohne Baum und Kerzenschein zugebracht. Er war ein Schlossergeselle und hatte ein Wanderleben geführt. Es war wohl manchmal nicht so zugegangen darin, daß er nachher hätte mögen unter einen Christbaum treten. Aber als er so die hellen Fenster sah, da und dort in den Straßen, da gefiel ihm der Gedanke doch, daß auch ihm heute Lichter brennen würden.

Und nun war er da. Ein langes, niedriges Haus, helle Fenster, aber nicht von Kerzen, die Gasflammen brannten; warmer Speisedunst kam aus den vergitterten Fenstern des Souterrains. Ah, wie er den einsog! Mit langen, vollen Atemzügen. Dann trat er in den erhellten Hausflur. Es drang ein Stimmengeschwirre aus einer angelehnten Tür, und eine wohlige Wärme strömte ihm entgegen. Nun fühlte er erst, wie naß, erfroren und müde er war. Zum Umfallen. Das war schon lange her, seit er heute früh aus einem Dorf, fünf Stunden weit in der Ebene gelegen, weggegangen war.

Ein Hausknecht kam die Treppe vom Souterrain herauf. Er trug ein aufgetürmtes Brett mit geschnittenem Weißbrot.

Als er den Wandergesellen sah, schüttelte er den Kopf mißbilligend. »Schon wieder einer,« sagte er vor sich hin. Dann verschwand er in der Tür und machte Meldung.

Der Hausvater kam heraus. »Ja, da sind Sie zu spät dran, mein Lieber,« sagte er, »das Haus ist voll, übervoll. Ich habe schon mehr Leute aufgenommen, als ich eigentlich darf. Es ist kein Eckchen mehr frei.« Er hatte es ein bißchen eilig, es war fast mehr Arbeit heut, als er bewältigen konnte. Nicht nur Arbeit. Er brauchte seine ganze Autorität, um die vielen Leute, die zum Teil nur heut hierher kamen, ein wenig in Ordnung zu halten. Man sah es ihm an, daß er ganz voll Autorität war. Die straffte den ganzen Mann. Er wußte es wohl selbst nicht so, er stand mitten in seiner Pflicht, frisch, stramm, energisch. Und er hatte schon ein ganzes Dutzend Leute weggeschickt heut abend. Da war nichts zu machen gewesen. »Denn,« hatte er zu seiner Frau gesagt, die ein so mitleidiges Herz hatte, »es geht nirgends mehr hinein, als bis es voll ist. Dann muß man Schluß machen. Punktum sagen. Das hilft alles nichts.« Und dann hatte er die Hacken zusammengeschlagen und war stramm weitergegangen.

Das tat er auch jetzt. Er hatte genug zu tun im großen Saal. Dort war die Bescherung längst vorbei, und jetzt nach dem Abendessen, fingen die Leute an, warm zu werden. Er mußte unter ihnen sein. Sie sollten sich wohl fühlen, aber in Ordnung sollten sie bleiben.

Der Handwerksbursche lehnte sich gegen die Wand und schloß die Augen. Nur einen Augenblick. Es wurde ihm plötzlich so schwach zumute. Ja, das half ja wohl nichts; nun mußte er wieder hinaus. Und wohin? Ach, das war ja gleichgültig. Vielleicht erfrieren. Das tat ja auch nichts. Es kam solch eine Stumpfheit über ihn.

Da sagte jemand neben ihm, eine helle, junge Stimme: »Ist Ihnen nicht wohl? Warten Sie, ich hole Ihnen etwas Warmes. Sie haben keinen Platz mehr gefunden zum Übernachten? Ja, das ist freilich schlimm. Aber heut drängt sich alles herein. Und man hat nicht mehr Raum, als für hundertvierzig Leute. Mein Mann hat noch Stroh und Tücher spreiten lassen. Aber auch das ist mehr als besetzt.«

Er sah verwundert auf die kleine, runde, blonde Frau im feiertäglichen Kleid und der großen Schürze drüber, die so lebhaft und freundlich auf ihn einsprach. Was wollte sie von ihm? Sie konnte ihm auch nichts anders sagen, als was er schon wußte. Er hatte ähnliches vordem schon erlebt; dann hatte er sich irgendwo hingelegt. Aber nun war er so schlaff und zitterte vor Nässe und Kälte.

Da trippelte sie fort, mit kurzen, flinken Schritten. Und dann kam sie wieder, im Handumdrehen, und trug eine große Tasse voll heißen Kaffees und ein Stück Kuchen. »Da,« sagte sie, »das wollte ich eben essen und trinken. Aber nun nehmen Sie's, ich bekomme schon wieder. Wir kommen heut auch zu nichts vor lauter Umtrieb.« Wie sie plauderte. Es war wie ein Gezwitscher. Er hörte ihm zu, so lang er aß und trank. Er saß auf einer Bank im warmen Hausflur und sie stand vor ihm. Dann sagte sie plötzlich: »Warten Sie ein bißchen, ich komme gleich wieder.« Weg war sie. Da stand sie, drin, hinter der Glastür, die in ihre eigene, freundliche Wohnung führte, und betrat das Gaststübchen, das so sauber und heimlich für einen lieben Gast bereit stand. Für ihren Vater. Der war nicht gekommen; er kam erst morgen am Tag. Nein, das konnte ihr doch wohl niemand zumuten, daß sie –, das war doch zu ungewöhnlich. Und der Mensch war gewiß sehr schmutzig. Und was würde ihr Mann sagen? Aber das Herz ging ihr über. Es war doch Christabend.

Und es kam ihr in den Sinn, daß der Mensch da draußen doch einer der »geringsten Brüder« sei. Da wurde sie ganz verlegen, daß sie das dachte, denn sie war es nicht gewöhnt, ihre Handlungen von irgend einem religiösen oder moralischen Standpunkt aus zu begehen, sondern sie tat alles aus ihrem raschen und warmen Herzen heraus. Dieses Herz hatte ihr schon manchen Streich gespielt. Man denke nur an jenen Morgen, an dem sie einem jammernden Zündholzverkäufer den Inhalt seiner ganzen, vollen Kiste abgekauft hatte und zwar von ihrem Geburtstagsgeld. Da war sie weidlich ausgelacht und auch ein wenig gescholten worden. Schlimmer war schon das andere, das mit ihres Mannes gefütterten Winterstiefeln. Sie hatte sie, als sie allein zu Hause war, einem armen Mann geschenkt, der Rheumatismus in beiden Füßen hatte. »Wonach riechen Sie denn so stark?« hatte sie zaghaft gefragt, und er hatte seufzend erwidert, daß er seine Füße mit Spiritus eingerieben habe, weil er kaum mehr darauf stehen könne. Da hatte sie ihm zu den Stiefeln noch ein Paar Socken geholt. »Sie sind tüchtig geflickt,« hatte sie halb entschuldigend gesagt, denn sie kam sich ein wenig hart vor, daß sie die viel wärmeren neuen, die sie schon in der Hand gehabt hatte, wieder in die Schublade gelegt und die alten genommen hatte. Wenn man aber auch immer ermahnt wird, sich »den Gaul nicht durchgehen zu lassen«. Ja, halb war sie auch stolz auf ihre Selbstbeherrschung. Der Mann war auch so freundlich, sich nichts aus dem Geflickten zu machen. Sie hatte ihm angeboten, die Sachen gleich hier anzuziehen, aber er war so bescheiden, daß er dafür dankte, er wolle ihr sicher nicht so viele Mühe machen. Er wisse einen Ort, ganz in der Nähe, da könne er ungeniert ablegen. Aber, hilf Himmel, der Ort war der Laden des Althändlers Eisenbeiß schräg gegenüber gewesen, vor dessen Tür eine Viertelstunde später die warmen Stiefeln an einem Haken baumelten und dem Verkauf ausstanden. Und der Mann, den sie damit beschenkt gehabt hatte, schien sich auf andere Weise erwärmt zu haben, denn er begegnete der Frau Rose ein paar Stunden später und konnte nun tatsächlich kaum mehr auf den Füßen stehen. Das war recht bitter gewesen. Aber dafür konnte doch der arme Handwerksbursch am heutigen Abend nichts. Es ging doch wohl nicht an, ihn etwa dafür verantwortlich zu machen, daß ein anderer – ach nein, das kam ja eigentlich hier nicht in Betracht.

Da, nun hatte sie es schon gesagt. »Kommen Sie hier herein, ja ja, kommen Sie nur. Warum sehen Sie so erstaunt aus? es ist – es ist nämlich tatsächlich sonst nichts frei, aber da – es ist mir nur nicht gleich eingefallen« – das log die blonde Frau Rose aber, wie wir wissen – »da ist ein kleines Stübchen, das ist für die Nacht noch leer.« Der Schlossergesell war wie im Traum, als er in den weißen Kissen lag und sich dehnte und streckte. Es paßte auch gut in den Traum hinein, daß nach einer Weile jemand zur Tür hereinkam und leise die feuchten zerrissenen Kleider von dem Stuhl vor dem Bett wegnahm, um gute, feste Sachen dafür hinzulegen.

»Nein, nein, da ist nun nichts zu danken,« sagte eine Stimme, die ihm bekannt vorkam, obgleich er ja wußte, daß er träume.

»Es sind auf Weihnachten viel getragene Kleider in unser Haus geschickt worden, Kleider und Wäsche, gerade zum Verschenken, Sie brauchen da nichts zu sagen. Das ist nichts, was mich etwas angeht.«

Er hatte also scheint's im Traum ein Dankeswort zu sagen versucht. Eigentlich war es ihm, seine Mutter sei um den Weg. Aber das war wohl erst recht geträumt. Sonderbar, es ging ihm alles untereinander. Es war wohl das Beste, sich auf die andere Seite zu legen, davon, das wußte er, verging das

Träumen und man schlief tief ein, so, wie einst als Kind, wenn die Mutter sagte: »Schlaf, schlaf, Büblein, so gut wie heut hast du's nicht immer.«

Am andern Morgen wurden zwei Berichte geschrieben. Der eine von der Polizei, der kam, wie alle Tage, in die Zeitung. Da stand zu lesen, daß in der Nacht vom 24. auf den 25. Dezember einhundertfünfzig Personen in der Herberge zur Heimat beherbergt und beschenkt worden seien. Der andere kam in ein großes Buch, das nicht mit Tinte geschrieben war, unter die Rubrik: Rose Haberland, und lautete so: Heute Nacht hat sie den Schlossergesellen aufgenommen und in ihrer Gaststube ins Bett gelegt, denn sie hatte sonst keinen Raum in der Herberge.

Fräulein Marie

Es war ein mächtiger Baum. Er reichte vom Fußboden bis zur Decke und streckte seine Äste weit in der Runde um sich her. Sein Stamm steckte in einem Holzkasten, in dessen Innerem eine Spieluhr verborgen war, und wenn die Musik spielte »Stille Nacht, heilige Nacht«, so fing der Baum an, sich um sich selbst zu drehen, langsam und schwerfällig, immer rundherum, immer rundherum. »Wie ein verrückt gewordener Tanzbär,« sagte der Stationsmeister, der auf einen Augenblick hereingekommen war, um ein Glas Pilsner zu trinken. Aber Fräulein Marie zuckte nur die Achseln und warf dem Stationsmeister einen Blick zu, der ungefähr heißen konnte: »Was versteht denn so ein alter Junggesell und Familienfeind von einem Christbaum? Man läßt ihn reden, weil man muß.«

Fräulein Marie hatte den Baum selbst geschmückt mit einer Unzahl von großen farbigen Glaskugeln, wohl faustgroße Kugeln, und mit Goldfäden, die über die grünen Zweige herunterfielen, wie das aufgelöste Haar einer Riesin. An jedem Astende saß ein elektrisches Lämpchen und wartete auf die Dämmerung, wo es aufflammen würde mit hellem Licht. Es war ein großartiger Baum. Er stand etwas im Wege, denn der Raum in der Bahnhofwirtschaft war nicht besonders groß, aber das schadete weiter nichts, das war heute wohl in mancher Familienstube auch nicht anders. Als der Baum geschmückt war, tat sich Fräulein Marie auch noch festlich an: eine blaue Sammetbluse, und einen vergoldeten Anhänger um den Hals an einem Kettchen, und das hochblonde Haar steckte sie kunstvoll auf mit drei Kämmen und einem Band aus Stahlperlen. Herr Riemenschneider sah sie befriedigt an, als sie von ihrer Kammer herunterkam und sich noch eine weiße Schürze um den schlanken Leib band, lang und breit und mit Spitzen daran.

»Sie ist ein anstelliges Mädchen,« sagte er zu seiner Frau, die am Schenktisch stand und Schinken aufschnitt. »Gefällig und anständig dabei, grad so die rechte Mitte, und sie stellt etwas vor, das muß man ihr lassen.« Er kniff das eine seiner beiden kleinen Äuglein zu und sah ihr nach, wie sie mit vier vollen Gläsern und drei Tellern mit heißen Würstchen den Mittelgang hinunterschritt und danebenher noch einem alten Stammgast, einem Zigarrenreisenden, zunickte. »Grad so die rechte Mitte,« konstatierte er noch einmal, ohne zu merken, daß Frau Riemenschneider ein geärgertes Gesicht dazu machte, weil sie nicht leiden konnte, daß ihr Mann die Kellnerin so herausstrich.

Jetzt aber fuhr der Zug vom Oberland her in den Bahnhof ein, der hatte hier fünfzehn Minuten Aufenthalt und außerdem brachte er meistens noch eine Menge Gäste, die auf den Schnellzug warten mußten. Der kam erst in einer halben Stunde. »Anzünden,« nickte Herr Riemenschneider der Kellnerin zu; da drückte sie auf einen Knopf an der Wand und die Flämmchen der elektrischen Lichter sprühten auf, alle miteinander. Als die Gäste vom Zug her eintraten, funkelte ihnen eine Helle entgegen und ein Glanz, daß sie schier geblendet waren. Draußen war es schon ziemlich dunkel und es wehte ein naßkalter Wind; hier drinnen aber war es warm und hell und es roch dabei nach allerlei guten Dingen, die einem hungrigen Magen wohl anstehen. Herr Riemenschneider rieb sich die Hände, kurze, dicke Hände, und sah wohlgefällig zu, wie Fräulein Marie hin- und herging. Flink und gewandt schob sie sich zwischen den Tischen durch und zeigte weder Hast noch Last. Er brauchte nicht einzugreifen, es ging wie am Schnürchen. An dem einen runden Tisch in der Ecke saß eine lustige Gesellschaft ganz junger Herren. Sie trugen die farbigen Mützen und Bänder noch nicht lang, das konnte man den knabenhaften Gesichtern ansehen, auf denen kaum hie und da ein leichter Flaum sproßte wie eine erste Frühjahrssaat. Aber ebendarum wollten sie gern vorstellen, was sie erst werden wollten und betrugen sich mit Lärmen und Lachen und mit Befehlen so, als ob sie das männliche Wesen längst gewöhnt seien und bereits eine große Gewandtheit darin besäßen. Dazu schien es einem von den Schlingeln, einem langen, dünnen Schlenker mit schwarzen Locken und einem goldenen Zwicker auf der Nase zu gehören, daß er mit der Kellnerin schön tue, und obgleich er einiges Herzklopfen dabei verspürte, da er es noch nicht geübt hatte, so faßte er sie doch, als sie mit einer Weinflasche hereinkam, um die Taille und sagte in angenommen zärtlichem Ton: »Grüß Gott, Fräulein Fanny! Kennen Sie mich denn nimmer?« Ein großes Gelächter erscholl von den bewundernden Mitbrüdern und er wollte gerade fortfahren, seine Vorstellung zu geben, als er seine Hand kräftig auf den Tisch aufgestoßen fühlte und sehen mußte, daß Fräulein Marie wie eine Siegesgöttin den Gang hinunterschritt. Der Zigarrenreisende trank ihr zu, als sie an ihm vorbeikam und sagte wohlgefällig: »So ist's recht, Fräulein Marie. Nur nichts gefallen lassen. So Buben da, was die sich schon herausnehmen.« Sie lachte ein wenig. »Mit denen werd' ich schon noch fertig.« Aber es war ihr nicht ganz ums Lachen. Sie wußte nicht recht, was es war, das heut in ihr umging. Sie spürte den Wunsch, irgend etwas Schönes, Festliches zu erleben; sie hatte ihn schon vom frühen Morgen an verspürt; seit sie ihr den grünen Tannenbaum in den Saal hereingestellt hatten, ging er in ihr um. Was es sein sollte, das zu erleben wäre, wußte sie nicht zu sagen, aber es mußte etwas Frohes sein, etwas wie ein Glücksgefühl. Sie hatte den Baum geschmückt und dann sich selbst. Als sie das Musikwerk aufzog und die »Stille Nacht« aus dem Kasten herausklang, hatte sie eine Art von Heimweh empfunden nach der engen Stube bei ihrer Großmutter, in der sie als Kind Weihnachten gefeiert hatte, nach dem kleinen Bäumchen, das auf dem Tisch stand und nach Hutzelbrot, Lebkuchen und der wortarmen Zärtlichkeit der alten Frau. Aber im ganzen wünschte sie sich doch nicht zurück, es mußte noch viel Neues kommen, das erst vor ihr lag. Sie hatte schon am Vormittag ihr »Christkindle« von Herrn und Frau Riemenschneider empfangen, ohne besondere Feierlichkeit, weil es jetzt gerade ruhig war in der Wirtschaft: drei weiße Schürzen und zehn Mark. Sie war gerührt, sie hatte in ihren anderen Stellen nie etwas bekommen und Frau Riemenschneider hatte auch gesagt, daß man es eigentlich nicht nötig gehabt hätte, aber daß man eben so sei: fast zu gut gegen die Leute. Aber das festliche Gefühl war dadurch nicht in ihr Herz gekommen, es mußte noch etwas anderes sein. Seit sie um drei Uhr einen Augenblick draußen vor dem Haus gestanden war, gerade als das Festläuten auf den Kirchen anhob, dachte sie von Zeit zu Zeit daran, sie wolle morgen wieder einmal in die Kirche gehen, daß sie auch wisse, daß Christtag sei. Die feierlichen Glockentöne waren so groß und voll über die Stadt hingeflogen, wie ein Zug von Kranichen schwammen sie durch die Lüfte dahin, unbekannten Ländern zu. Fräulein Marie hatte zwar noch nie Kraniche gesehen, aber sie hatte schon viel gelesen, darum kam es ihr doch so in den Sinn. Sie dachte, es wäre schön, mitzufliegen, es hob sich etwas in ihr. Aber da kam gerade ein verspäteter Mittagsgast, der junge Doktor Holl mit seinem lustigen Gesicht, der lachte, als er sie dastehen und hinausträumen sah und behauptete, sie habe ganz sehnlich nach der Konservenfabrik hinübergesehen. Dort war ein Chemiker, der immer sehr nett mit Fräulein Marie umging und ihr eine Schachtel Pralinées zu Weihnachten versprochen hatte. Da mußte sie sich wehren und mit der feierlichen Stimmung war es vorbei.

Und nun brannte der Christbaum und die »Stille Nacht« ertönte wohl zum dreißigsten Mal und Herr Riemenschneider sagte zu einem Gast, der ein anerkennendes Wort gesprochen hatte: »Ja, ja. Was gemacht werden kann, das wird gemacht. Stimmungsvoll muß es sein. Die Spieluhr mit dem Drehwerk hat vierzig Mark gekostet und der Baum samt dem Schmuck seine zwanzig Mark. Gut und gern zwanzig, ohne die elektrischen Lampen. Ja, ja.«

Da dachte Fräulein Marie, als sie es hörte, es sei komisch, daß es ihr immer noch nicht weihnächtlich ums Herz sei und auf was sie denn noch warte? Es komme doch sicher nichts anderes mehr. Sie hatte es nicht immer so gut gehabt wie hier. Die Arbeit war nicht gar zu streng und die Behandlung gut, die Einnahmen auch nicht schlecht. Unterhaltend war es auch hier, wo die Züge fortwährend ein Ab- und Zuströmen der Menschen brachten und immer etwas Interessantes. Da beschloß sie, sich die dummen Gedanken aus dem Kopf zu schlagen. Der ledige Stammtisch in der zweiten Klasse wollte am späteren Abend einen Weihnachtspunsch trinken und Fräulein Marie war dazu eingeladen. Das war doch auch ein Vergnügen. Also.

Da fuhr eben der Schnellzug in den Bahnhof ein. Es gab ein Gewimmel im Wirtschaftsraum, Koffer und Taschen wurden zusammengerafft und Mäntel über den Arm genommen und: »Fräulein, zahlen!« rief es eilig aus ein paar Ecken, wo die Leute gar zu gemütlich sitzen geblieben waren. Fräulein Marie hatte genug zu tun, bis der eine Schub von Menschen draußen war und dann wieder, bis die neuen Gäste, die jetzt wieder auf die Nebenbahn warten mußten, befriedigt waren. Als es ein wenig ruhiger zuging, sah sie an dem runden Tisch in der Ecke, da, wo vorhin die jungen Herren gesessen waren, eine ganze Familie sitzen: einen blonden Mann mit schmalen, feinen Zügen, er hatte zwei Stöcke neben sich am Tisch lehnen, eine junge Frau mit einem mütterlichen Gesicht, die in einem Kleid mit sehr unmodernen Ärmeln steckte, wie Fräulein Marie sogleich sah, und zwei sehr hellblonde Bübchen. Eins davon trug die ersten Hosen, das sah man deutlich, die Hände steckten in den Taschen und das Näschen streckte sich sehr unternehmend in die Welt hinein. Das kleinste Bübchen hatte noch einen Mädelrock an und saß zwischen Vater und Mutter auf der Eckbank. Ein helles Stimmlein rief: »Guck, Vater, ein Christbaum mit Lampen dran, 'lektrische Lampen, Vater.« Der Vater lächelte. Da wußte Fräulein Marie, wer die Leute waren. Sogleich wußte sie es, als sie das Lächeln sah. Das gab es sonst nicht wieder auf der Welt. Vor sechs Jahren hatte sie es gesehen, einen ganzen Winter lang, fast Abend für Abend. Es hatte dem jungen Hilfslehrer gehört, der aushilfsweise den alten, weißbärtigen Reallehrer des kleinen Städtchens vertrat. Sie war damals ein sehr junges Ding gewesen, nicht sehr weit von der Schule weg, höchstens drei, vier Jahre. Und er hatte im Lamm gegessen und seinen Abendschoppen getrunken hinter der Zeitung, im Lamm zu Gussenstadt, wo sie ihre erste Stelle hatte. Ach, was war sie damals für ein junges Ding gewesen, für ein bescheidenes, einfaches, unerfahrenes. Das Haar zurückgekämmt, die schweren Zöpfe ganz einfach aufgesteckt. Und ein Kleidchen an, ein ärmliches, glattes, nur so ein bißchen aufgeputzt mit einem Krägelchen oder Schleifchen. Aber dem Herrn Hilfslehrer hatte das alles gerade gefallen. Es waren manchmal Sommergäste nach Gussenstadt gekommen, modisch gekleidete Damen mit allem Drum und Dran. Über die hatte er nur gelächelt. »Wenn Sie wüßten, Fräulein Marie, wie gut Ihnen das Einfache steht. Nie möcht' ich Sie so sehen, so einen Bausch um den Kopf, und eingeschnürt und mit all' dem Zeug behängt.« Sie hatte damals zweifelhaft den Kopf geschüttelt. Ihr hatte der städtische Putz so übel nicht gefallen. Wenn sie Geld dazu gehabt hätte! Aber sie sagte es ihm nicht, sie schämte sich. Er war so gut und fein und so vornehmen Wesens. Er erzählte ihr von dem, was er las und was er dachte, er mußte jemand haben, bei dem er sich aussprechen konnte. Er brachte ihr auch Bücher mit, schöne, wunderbare Bücher. Sie hatte in der Schule gut gelernt, sie verstand wohl etwas von dem, was sie las. Wenn sie ihm etwas darüber sagte, das ihn freute, so ging das schöne, seltene Lächeln über sein Gesicht. Eines Tages merkte sie, daß sie ihn liebe mit ihrem ganzen, jungen Herzen. Nie hatte er ihr von Liebe gesprochen, auch nur von ferne, weder mit dem Mund, noch mit den Augen. Aber es war darum doch über sie gekommen, sie konnte nichts dafür.

Er war das Schönste, das in ihr Leben gekommen war, der Bote aus einer Welt, die gerade nur diesen einzigen Boten zu ihr sandte, um ihr zu zeigen, wie schön sie sei. Aber an dem Tag, als Marie zu sich selbst sagte, daß er das Beste für sie sei, teilte er ihr mit, daß er versetzt sei, weit weg von Gussenstadt, und daß er morgen schon abreise. Sie war ganz stumm dagestanden. Nun löschte also das Licht aus. »Ich möchte Sie nun noch um etwas bitten, Fräulein Marie,« hatte er gesagt, eh' er ging. »Wenn Sie doch einen andern Beruf suchen möchten, das wäre gut für Sie. Nicht daß ich den Ihrigen herabsetzte, gewiß nicht. Aber es ist mir, er könne Sie nicht befriedigen und das Gute, Schöne in Ihnen könne sich nicht recht dabei auswachsen.« Da war es ihr gewesen, als müsse sie morgen schon fort, irgendwohin, sie wußte selber nicht, wo. In eine Familie, in ein Krankenhaus – oder wo sonst? Aber es riet ihr niemand dabei und daheim widersetzte man sich auch diesen Mücken, wie man sie nannte, man brauchte ihren Verdienst, weil die jüngeren Brüder etwas Rechtes lernen sollten. So blieb sie. Sie war eine Zeitlang wie krank gewesen, krank am Herzen vor Sehnsucht nach ihm. Aber es hatte sich dann wieder gemacht. Sie blühte auf und bekam Angenehmes über ihr Äußeres zu hören, lernte sich anzuziehen und das Haar vorteilhaft zu machen. Manchmal empfand sie noch einen Stich, wenn ihr die und jene Äußerung von ihm einfiel. Dann dachte sie: so würde ich ihm nicht gefallen. Das war peinlich und sie schüttelte es ab. Nach und nach vergaß sie es auch, an ihn zu denken. Sie kam in der Welt herum, verdiente Geld, verstand auch, es auszugeben, blieb so, was man ein anständiges Mädchen nennt, und wußte sich zu wahren, wo man es anders mit ihr meinte. Aber Boten aus jener schönen, heimlichen Welt waren seitdem nicht mehr zu ihr gekommen, wenigstens nicht so nahe her, so ins Herz hinein. Sie hatte sich vielleicht hier und da nach ihr gesehnt, heute mittag beim Festläuten, und heute den ganzen Tag, ohne es zu wissen. Und nun saß er dort am Tisch und weckte mit einem einzigen Lächeln alles auf, was in ihr von dieser inneren Welt lebte. Wie das brannte! Sie kam sich wie ausgeschlossen vor, und so, mit diesem Brennen, ging sie umher und bediente die Gäste. Die junge Frau war selber am Schenktisch gewesen, weil die Kellnerin so beschäftigt war, und hatte sich Milch geben lassen für die Kinder. Sie selbst und der Mann wollten nichts trinken. Sie hatten auch nur zehn Minuten Aufenthalt. Das größere Bübchen lief im Saal umher und kam an den Christbaum, um zu sehen, wie es käme, daß da die 'lektrischen Lampen drauf seien. Es fragte das Fräulein, das gab ihm sogar einen Lebkuchen. Dafür erzählte er ihr mit seinem hellen Stimmlein, daß sie alle zur Großmutter führen, und daß dort auch ein Christbaum sei. Und daß er, Martin, schon den Vater ein bißchen stützen könne, der sei immer krank. Die Mutter könne es aber noch besser, die sei anders stark. »Martin,« rief die Mutter, da entsprang er. Also so sah es aus um ihren Freund? Weib und Kind hatte er, und krank war er. Was mochte das für eine Krankheit sein? Er ging an zwei

Stöcken und sein Bübchen stützte ihn, und seine Frau hatte ein Kleid mit altmodischen Ärmeln an, wahrscheinlich, weil sie kein Geld zu einem neuen hatte. Das war sein ganzes Glück? Sie stand eine ganze Weile unter dem Christbaum und sah zu der kleinen Gruppe hinüber. Es war Zeit für sie, aufzubrechen. Da sah sie, wie die Frau das kleine Bübchen auf den Fußboden stellte und seine Händchen in Martins Händchen legte: »Da, führ' dein Brüderlein. Mutter kann nicht, Mutter muß dem Vater helfen,« sah, wie sie dem Mann den Arm reichte und wie er sich an ihr aufrichtete und wie sie sich miteinander in langsamen Gang setzten. Und sah, als alle Anstalten vollbracht waren, wie sie einander für kurze Sekunden in die Augen sahen, mutig, tröstend, lächelnd, wie aus einem tiefen Meer des Glücks herauf. Das Herz zitterte ihr vor diesem Anblick. Sie wollte hingehen und sagen, daß sie da sei. Er würde sie schon noch kennen, trotzdem sie anders aussah, als damals. Aber sie tat es doch nicht. Sie sah zu, wie die liebe Gruppe verschwand, und wurde durch ein verwundertes Räuspern von Herrn Riemenschneider und durch ein Klopfen mit einem Geldstück, das ein ungeduldiger Gast vollführte, zu ihrer Pflicht zurückgerufen. Der Zigarrenreisende saß noch da; es war erst eine Viertelstunde her, daß sie den kecken Studenten abgefertigt hatte. Er sagte lachend und vertraulich: »Puh! Gott behüt' uns!« und nickte mit dem Kopf hinter den Abreisenden drein. Dann hob er sein Glas: »Prost, Fräulein Marie!« Und sie tat ihm Bescheid, wie er es wollte. Sie zog die Spieluhr wieder auf, als sie abgelaufen war, denn es kamen immer wieder neue Gäste, die eine stimmungsvolle Weile hier drinnen verleben sollten nach dem Willen von Herrn Riemenschneider, und trug Bier und heiße Würstchen zu den Tischen her und gab Auskunft und lachte, wo es hingehörte, und nahm an dem Punsch der ledigen Herren teil, »alles in der richtigen Mitte,« wie Herr Riemenschneider noch einmal konstatierte, »gefällig und doch anständig dabei.«

Als der letzte Gast gegangen war, löschte sie die elektrischen Lampen am Christbaum aus und ließ das Musikinstrument ablaufen, daß es nun wirklich »stille Nacht, heilige Nacht« werden konnte. Dann stieg sie in ihr Kämmerlein unters Dach hinauf und dort droben endlich konnte sie ein stilles Weilchen in die Welt hinein sehen, in der die Glücklichen von heute abend zu Hause waren, – nachdem sie sich die Augen zuvor mit seltenen, heißen Tränen ausgewaschen hatte.